Simone Iuliano

TESTIMONIANZE DALL'INFERNO

Edizioni Youcanprint

Titolo | Testimonianze dall'Inferno

Autore | Simone Iuliano

Immagine di copertina | Simone Iuliano

ISBN | 978-88-66185-64-2

Edizioni Youcanprint
Via Roma, 73 - 73039 Tricase (LE) - Italy
Tel./Fax +39/0833.772652
www.youcanprint.it
info@youcanprint.it
Facebook: facebook.com/youcanprint.it
Twitter: twitter.com/youcanprintit

A mia madre Angela Vella;

A chi di voi vive sperando
in una misericordia
a buon mercato;

a chi si affanna a pulire
l' esterno del bicchiere;

a chi parla male della Chiesa;

a chi si confessa male, in modo superficiale,
per poi ricadere negli stessi peccati:

"L' inferno esiste …
e dentro si brucia … "

INDICE DEI CAPITOLI

Credi nell'inferno?

L'insegnamento biblico sull'inferno è oggi forse una delle dottrine più trascurate. Quando si parla oggi di inferno, infatti, si viene generalmente messi in ridicolo, come se tutta la faccenda dell'inferno fosse così antiquata che solo gli ingenui e gli sprovveduti potrebbero ancora credere all'esistenza di un luogo simile.

Queste reazioni non ci sorprendono più di quel tanto: l'uomo naturale, infatti, non sopporta l'idea di dover essere responsabile di sé stesso davanti a Dio, perché ama il peccato e non ha alcuna intenzione di abbandonarlo. La mente carnale allora scaglierà obiezione dopo obiezione contro l'idea dell'inferno, perché rifiuta di affrontarne la realtà. Molti vivono pensando che se solo continueranno ad ignorare una certa difficoltà abbastanza a lungo, essa svanisca da sola. Persino alcuni leader religiosi conservatori si sono messi ad attaccare l'idea dell'inferno! Che propongano però pure tutti gli argomenti che vogliono: le frivole obiezioni degli sciocchi non riusciranno ad eliminare l'inferno!

Nel mezzo di tutto questo schiamazzo per negare l'esistenza dell'inferno, coloro che credono che la Bibbia abbia ragione sono chiamati ad alzarsi per parlare chiaramente e con fermezza. Quando parlerete del giusto terrore che deve incutere l'inferno, forse sarà la cosa più importante che avrete potuto fare in questa vita. *«...chiunque ode il suono della tromba e non fa caso all'avvertimento, se la spada viene e lo porta via, il suo sangue sarà sul suo capo»* (Ezechiele 33:4). Vi prego, vi esorto vivamente di prendere il tempo necessario per leggere questo libro fino alla fine.

Perché mai uno dovrebbe interessarsi così tanto dell'inferno? Perché dovremmo usare del nostro tempo prezioso per leggere un trattato sull'inferno? Ci sono diverse ragioni per cui questo può essere vantaggioso:

1) Leggere dell'angosciosa realtà dell'inferno come di una reale possibilità potrebbe essere un salutare shock per la nostra coscienza e farci aprire gli occhi sulle false sicurezze che troppo spesso si coltivano.

2) Leggere dell'inferno può essere un salutare deterrente dal commettere ciò che a Dio dispiace. Sia le persone religiose che quelle non religiose possono essere dissuase molto efficacemente dal peccare quando si rammenta loro regolarmente della reale possibilità dell'inferno.

3) Diffondere la dottrina dell'inferno è utile sia per i credenti che per i non credenti, come verrà presto dimostrato in questo testo.

Un Generale Russo ...
Mosca 1812

Parole di un testimone ...

Il fatto accadde a Mosca nel 1812, quasi nella mia stessa famiglia. Mio nonno materno, il conte Rostopchine, era allora governatore militare a Mosca ed era in stretta amicizia col generale conte Orloff, uomo valoroso, ma empio..Una sera, dopo cena, il conte Orloff cominciò a scherzare con un suo amico volteriano, il generale V., burlandosi della religione e in particolare dell'inferno.

- Ci sarà qualcosa - disse Orloff - dopo la morte?

- Se ci sarà qualcosa - disse il generale V. - chi di noi morirà per primo verrà ad avvisare l'altro. Restiamo d'accordo?

- Benissimo! - soggiunse Orloff, e si strinsero la mano in segno di promessa. Circa un mese dopo, il generale V. ricevette l'ordine di partire da Mosca e di prendere una posizione importante con l'esercito russo per fermare Napoleone.

Tre settimane dopo, uscito di mattina per esplorare la posizione del nemico, il generale V. fu colpito al ventre da una pallottola e cadde morto.

All'istante si presentò a Dio.

Il conte Orloff era a Mosca e non sapeva nulla della fine di quel suo amico. Quella stessa mattina, mentre stava tranquillamente riposando, ormai sveglio da un po' di tempo, si aprirono ad un tratto le tendine del letto e comparve a due passi il generale V. morto da poco, ritto sulla persona, pallido, con la destra sul petto e così parlò: 'L'inferno c'è e io ci sono dentro!' e disparve. Il conte si alzò dal letto e uscì di casa in veste da camera, con i capelli ancora spettinati,

Corse in casa di mio nonno, sconvolto e ansimante, per raccontare l'accaduto. Mio nonno si era alzato da poco e, meravigliato nel vedere a quell'ora e vestito in quel modo il conte Orloff, disse:
- Conte che cosa vi è capitato?.
- Mi sembra di impazzire per lo spavento! Ho visto poco fa il generale V.!
- Ma come? Il generale è già arrivato a Mosca?
- No! - rispose il conte gettandosi sul divano e tenendosi la testa tra le mani. - No, non è tornato, ed è questo appunto che mi spaventa!- E subito, trafelato, gli raccontò l'apparizione in tutti i particolari.
Mio nonno cercò di calmarlo, dicendogli che poteva trattarsi di fantasia, o di un'allucinazione, o di un brutto sogno e aggiunse che non doveva considerare morto l'amico generale.
Dodici giorni dopo, un messo dell'esercito annunziava a mio nonno la morte del generale; le date coincidevano: la morte era avvenuta la mattina di quello stesso giorno in cui il conte Orloff se l'era visto comparire in camera."

Caterina, una donna dai cattivi costumi ...
Napoli 1650 circa

Tutti sanno che la Chiesa, prima di elevare qualcuno agli onori degli altari e dichiararlo "Santo", esamina attentamente la sua vita e specialmente i fatti più strani e insoliti. Il seguente episodio fu inserito nei processi di canonizzazione di San Francesco di Girolamo, celebre missionario della Compagnia di Gesù, vissuto nel secolo scorso. Un giorno questo sacerdote predicava a una gran folla in una piazza di Napoli.

Una donna di cattivi costumi, di nome Caterina, abitante in quella piazza, per distrarre l'uditorio durante la predica, dalla finestra cominciò a fare schiamazzi e gesti spudorati.

Il Santo dovette interrompere la predica perché la donna non la smetteva più, ma tutto fu inutile.

Il giorno dopo il Santo ritornò a predicare sulla stessa piazza e, vedendo chiusa la finestra della donna disturbatrice, domandò cosa fosse capitato. Gli fu risposto: "È morta questa notte improvvisamente". La mano di Dio l'aveva colpita.

"Andiamo a vederla", disse il Santo. Accompagnato da altri entrò nella camera e vide il cadavere di quella povera donna disteso. Il Signore, che talvolta glorifica i suoi Santi anche con i miracoli, gli ispirò di richiamare in vita la defunta. San Francesco di Girolamo guardò con orrore il cadavere e poi con voce solenne disse: "Caterina, alla presenza di queste persone, in nome di Dio, dimmi dove sei!". Per la potenza del Signore si aprirono gli occhi di quel cadavere e le sue labbra si mossero convulse: "All'inferno!...

Una donna
che vendeva
il proprio corpo

Roma 1873 …

A Roma, nel 1873, verso la metà di agosto, una delle povere ragazze che vendevano il loro corpo in una casa di tolleranza si ferì a una mano. Il male, che a prima vista sembrava leggero, inaspettatamente si aggravò, tanto che quella povera donna fu trasportata urgentemente all'ospedale, dove morì poco dopo. In quel preciso momento, una ragazza che praticava lo stesso "mestiere", nella stessa casa, e che non poteva sapere ciò che stava avvenendo alla sua "collega" finita all'ospedale, cominciò a urlare con grida disperate, tanto che le sue compagne si svegliarono impaurite. Per le grida si svegliarono anche alcuni abitanti del quartiere e ne nacque uno scompiglio tale che intervenne la questura. Cos'era successo? La compagna morta all'ospedale le era apparsa, circondata di fiamme, e le aveva detto: "Io sono dannata! E se non vuoi finire anche tu dove sono finita io, esci subito da questo luogo di infamia e ritorna a Dio!". Nulla poté calmare l'agitazione di quella ragazza, tanto che, appena spuntata l'alba, se ne partì lasciando tutte le altre nello stupore, specialmente non appena giunse la notizia della morte della compagna avvenuta poche ore prima all'ospedale. Poco dopo, la padrona di quel luogo infame, che era una garibaldina esaltata, si ammalò gravemente e, ben ricordando l'apparizione della ragazza dannata, si convertì e chiese un sacerdote per poter ricevere i santi Sacramenti. L'autorità ecclesiastica incaricò della cosa un degno sacerdote, Mons. Sirolli, che era il parroco di San Salvatore in Lauro. Questi richiese all'inferma, alla presenza di più testimoni, di ritrattare tutte le sue bestemmie contro il Sommo Pontefice e di esprimere il proposito fermo di mettere fine all'infame lavoro che aveva fatto fino allora.

Quella povera donna morì, pentita, con i conforti religiosi. Tutta Roma conobbe ben presto i particolari di questo fatto. Gli incalliti nel male, com'era prevedibile, si burlarono dell'accaduto; i buoni, invece, ne approfittarono per diventare migliori.

Una vedova di 29 anni ricca e corrotta
Londra 1848 …

Viveva a Londra, nel 1848, una vedova di ventinove anni, ricca e molto corrotta. Tra gli uomini che frequentavano la sua casa, c'era un giovane lord di condotta notoriamente libertina. Una notte quella donna era a letto e stava leggendo un romanzo per conciliare il sonno. Appena spense la candela per addormentarsi, si accorse che una luce strana, proveniente dalla porta, si diffondeva nella camera e cresceva sempre più. Non riuscendo a spiegarsi il fenomeno, meravigliata spalancò gli occhi. La porta della camera si aprì lentamente ed apparve il giovane lord, che era stato tante volte complice dei suoi peccati. Prima che essa potesse proferire parola, il giovane le fu vicino, l'afferrò per il polso e disse: "C'è un inferno, dove si brucia!".

La paura e il dolore che quella povera donna sentì al polso furono così forti che svenne all'istante. Dopo circa mezz'ora, ripresasi, chiamò la cameriera, la quale, entrando nella stanza, sentì un forte odore di bruciato e constatò che la signora aveva al polso una scottatura così profonda da lasciar vedere l'osso e con la forma della mano di un uomo. Notò anche che, a partire dalla porta, sul tappeto c'erano le impronte dei passi di un uomo e che il tessuto era bruciato da una parte all'altra. Il giorno seguente la signora seppe che la stessa notte quel giovane lord era morto.

Questo episodio è narrato da Gaston De Sègur che così commenta: "Non so se quella donna si sia convertita; so però che vive ancora. Per coprire agli sguardi della gente le tracce della sua scottatura, sul polso sinistro porta una larga fascia d'oro in forma di braccialetto che non toglie mai e per questo particolare viene chiamata la signora del braccialetto".

- -

Un giovane che non si confessava un peccato per vergogna
Metà del XV secolo

Mons. Antonio Pierozzi, Arcivescovo di Firenze, famoso per la sua pietà e dottrina, nei suoi scritti narra un fatto, verificatosi ai suoi tempi, verso la metà del XV secolo, che seminò grande sgomento nell'Italia settentrionale.

All'età di diciassette anni, un ragazzo aveva tenuto nascosto in Confessione un peccato grave che non osava confessare per vergogna. Nonostante questo si accostava alla Comunione, ovviamente in modo sacrilego. Tormentato sempre più dal rimorso, invece di mettersi in grazia di Dio, cercava di supplire facendo grandi penitenze. Alla fine decise di farsi frate. "Là - pensava - confesserò i miei sacrilegi e farò penitenza di tutte le mie colpe". Purtroppo, il demonio della vergogna riuscì anche là a non fargli confessare con sincerità i suoi peccati e così trascorsero tre anni in continui sacrilegi. Neanche sul letto di morte ebbe il coraggio di confessare le sue gravi colpe. I suoi confratelli credettero che fosse morto da santo, perciò il cadavere del giovane frate fu portato in processione nella chiesa del convento, dove rimase esposto fino al giorno dopo. AI mattino, uno dei frati, che era andato a suonare la campana, tutto a un tratto si vide comparire davanti il morto circondato da

catene roventi e da fiamme. Quel povero frate cadde in ginocchio spaventato. Il terrore raggiunse il culmine quando sentì: "Non pregate per me, perché sono all'inferno!"... e gli raccontò la triste storia dei sacrilegi.
Poi sparì lasciando un odore ripugnante che si sparse per tutto il convento. I superiori fecero portare via il cadavere senza i funerali.

Sant' Alfonso Maria de Liguori Vescovo e dottore della Chiesa riporta il seguente episodio

Quando l'università di Parigi si trovava nel periodo di maggior splendore, uno dei suoi più celebri professori morì improvvisamente. Nessuno si sarebbe immaginato la sua terribile sorte, tanto meno il Vescovo di Parigi, suo intimo amico, che pregava ogni giorno in suffragio di quell'anima.
Una notte, mentre pregava per il defunto, se lo vide apparire davanti in forma incandescente, col volto disperato. Il Vescovo, compreso che l'amico era dannato, gli rivolse alcune domande; gli chiese tra l'altro: "All'inferno ti ricordi ancora delle scienze per le quali eri così famoso in vita?".
"Che scienze... che scienze! In compagnia dei demoni abbiamo ben altro a cui pensare! Questi spiriti malvagi non ci danno un momento di tregua e ci impediscono di pensare a qualunque altra cosa che non siano le nostre colpe e le nostre pene. Queste sono già tremende e spaventose, ma i demoni ce le inaspriscono in modo da alimentare in noi una continua disperazione!"

Quanti
di voi

conoscono
l' ordine
dei certosini?

La fondazione di questo ordine che è il più rigido della Chiesa Cattolica è dovuta da una testimonianza resa da un anima dannata per sempre all' inferno ...

Ecco il perché ...

Ed ecco un altro fatto sconvolgente, avvenuto alla presenza di migliaia di testimoni ed esaminato in tutti i particolari dai dottissimi Bollandisti. Era morto a Parigi il professore della Sorbona Raimond Diocré. Nella chiesa di Nòtre Dame si svolgevano i solenni funerali. Oltre a molti semplici fedeli vi parteciparono numerosi professori e discepoli del defunto. La salma era collocata nel mezzo della navata centrale, coperta, secondo l'uso di quel tempo, da un semplice velo. Cominciate le esequie, allorché il sacerdote disse le parole del rito: "Rispondimi: quante iniquità e peccati hai...?", si udì una voce sepolcrale uscire da sotto il velo funebre: "Per giusto giudizio di Dio sono stato accusato!". Fu tolto subito il drappo mortuario, ma si trovò il defunto immobile e freddo. La funzione, improvvisamente interrotta, fu subito ripresa fra il turbamento generale. Poco dopo il cadavere si alzò davanti a tutti e gridò con voce ancora più forte di prima: "Per giusto giudizio di Dio sono stato giudicato!". Lo spavento dei presenti giunse al colmo. Alcuni medici si avvicinarono al defunto, ripiombato nella sua immobilità, e constatarono che era veramente morto.

Non si ebbe però il coraggio, per quel giorno, di continuare il funerale e si rimandò all' indomani. Intanto le autorità ecclesiastiche non sapevano che cosa decidere. Alcuni dicevano: "E' dannato; non è degno delle preghiere della Chiesa!". Altri osservavano: "Non si può essere sicuri che Diocré sia dannato! Ha detto di essere stato accusato e giudicato, ma non condannato". Anche il Vescovo fu di questo parere. Il giorno seguente fu ripetuto l'ufficio funebre, ma giunti alla stessa frase prevista dal rito: "Rispondimi..." il cadavere si alzò nuovamente da sotto il velo funebre e gridò: "Per giusto giudizio di Dio sono stato condannato all'inferno per sempre!". Davanti a questa terribile testimonianza, cessarono i funerali e si decise di non seppellire il cadavere nel cimitero comune.

Il prodigio era evidentissimo e molti si convertirono.

Tra i presenti c'era un certo Brunone, discepolo e ammiratore del Diocré; era già un buon cristiano, ma in quell'occasione decise di lasciare le attrattive del mondo e di darsi alla penitenza. Altri seguirono il suo esempio. Brunone divenne fondatore di un Ordine Religioso, il più rigoroso della Chiesa Cattolica: l'Ordine dei Certosini. In seguito morì da Santo. Chi va oggi a Serra San Bruno, in Calabria, può visitare il monastero fatto costruire dal Santo, ove sono sepolti, tra gli altri, non pochi uomini illustri che hanno lasciato tutto per dedicarsi interamente alla preghiera, al lavoro, all'aspra penitenza e al più rigoroso silenzio. Il mondo potrà giudicare pazzi costoro, ma in realtà sono sapienti; seguendo le orme del fondatore, al pensiero dell'inferno, perseverano nella vita di mortificazione per guadagnarsi il paradiso.

In foto sopra San Brunone o San Bruno
fondatore dei Certosini

Quali pene soffrono i dannati ?

La sofferenza più atroce ...
la pena del danno

Provata l'esistenza dell'inferno con gli argomenti della ragione e con episodi documentati, consideriamo ora in che cosa consista essenzialmente la pena di chi cade nel baratro infernale. Gesù chiama gli abissi eterni: "luogo di tormento" (Lc 16, 28). **Molte sono le pene sofferte dai dannati all'inferno, ma la principale è quella del danno**, che San Tommaso d'Aquino definisce: "privazione del Sommo Bene", cioè di Dio. Noi siamo fatti per Dio (da Lui veniamo e a Lui andiamo), ma finché siamo in questa vita possiamo anche non dar alcuna importanza a Dio e tamponare, con la presenza delle creature, il vuoto lasciato in noi dall'assenza del Creatore. Finché è qui sulla terra, l'uomo può stordirsi con delle piccole gioie terrene; può vivere, come purtroppo fanno tanti che ignorano il loro Creatore, saziando il cuore con l'amore di una persona, o godendo della ricchezza, o assecondando altre passioni, anche le più disordinate, ma in ogni caso, anche qui sulla terra, senza Dio l'uomo non può trovare la vera e piena felicità, perché la vera felicità è solo Dio. Ma appena un'anima entra nell'eternità, avendo lasciato nel mondo tutto ciò che aveva ed amava e conoscendo Dio così com'è, nella sua infinita bellezza e perfezione, si sente fortemente attratta ad unirsi a Lui, più che il ferro verso una potente calamita. Riconosce allora che l'unico oggetto del vero amore è il Sommo Bene, Dio, l'Onnipotente. Ma se un'anima disgraziatamente lascia questa terra in uno stato di inimicizia verso Dio, si sentirà respinta dal Creatore: "Via, lontano da me, maledetta, nel fuoco eterno,

preparato per il diavolo e per i suoi angeli!" (Mt 25, 41).
Aver conosciuto il Supremo Amore... sentire il bisogno impellente di amarlo e di essere riamati da Lui... e sentirsene respinti... per tutta l'eternità, questo è il primo e più atroce tormento per tutti i dannati.

Facciamo un ulteriore esempio scritto ...

Chi non conosce la potenza dell'amore umano e gli eccessi a cui può giungere quando sorge qualche ostacolo? Un sacerdote mio amico, visitava l'ospedale Santa Marta di Catania; vide sulla soglia di un camerone una donna in lacrime; era inconsolabile. Povera madre! Stava morendo suo figlio. Si soffermò con lei per darle una parola di conforto e venne a sapere … Quel ragazzo amava sinceramente una ragazza e voleva sposarla, ma non era da questa corrisposto. Davanti a questo ostacolo insuperabile, pensando di non poter più vivere senza l'amore di quella donna e non volendo che sposasse qualcun altro, giunse al colmo della follia: diede diverse coltellate alla ragazza e poi tentò il suicidio. Quei due ragazzi spirarono nello stesso ospedale a poche ore di distanza. Che cos'è l'amore umano in confronto all'Amore divino...? Che cosa non farebbe un'anima dannata pur di arrivare a possedere Dio...?!? Pensando che per tutta l'eternità non potrà amarlo, vorrebbe non essere mai esistita o sprofondare nel nulla, se fosse possibile, ma essendo questo impossibile sprofonda nella disperazione. Ognuno può farsi una sia pur debole idea della pena di un dannato che si separa da Dio, pensando a ciò che prova il cuore umano alla perdita di una persona cara: la sposa alla morte dello sposo, la madre alla morte di un figlio, i figli alla morte dei loro genitori… Ma queste pene, che sulla terra sono le sofferenze più grandi tra tutte quelle che possono straziare il cuore umano, sono ben poca cosa davanti alla pena disperata dei dannati.

LA PERDITA DI DIO … all' inferno. Il pensiero di alcuni santi in merito.

La perdita di Dio, dunque, è il più grande dolore che tormenta i dannati.

- **San Giovanni Crisostomo** dice: "Se tu dirai mille inferni, non avrai ancora detto nulla che possa uguagliare la perdita di Dio".

- -

- **Sant'Agostino** insegna: "Se i dannati godessero la vista di Dio non sentirebbero i loro tormenti e lo stesso inferno si cambierebbe in paradiso".

- **San Brunone**, parlando del giudizio universale, nel suo libro dei "Sermoni" scrive: "Si aggiungano pure tormenti a tormenti; tutto è nulla davanti alla privazione di Dio".

- **Sant'Alfonso** precisa: "Se udissimo un dannato piangere e gli chiedessimo: 'Perché piangi tanto?, ci sentiremmo rispondere: "Piango perché ho perduto Dio!". Almeno il dannato potesse amare il suo Dio e rassegnarsi alla sua volontà! Ma non può farlo. È costretto a odiare il suo Creatore nello stesso tempo che lo riconosce degno di infinito amore".

Santa Caterina da Genova quando le apparve il demonio lo interrogò: "Tu chi sei?" - "Io sono quel perfido che si è privato dell'amore di Dio!".

In foto sotto Sant' Agostino

ALTRE PRIVAZIONI

Dalla privazione di Dio, come dice il Lessio, derivano necessariamente altre privazioni estremamente penose: la perdita del paradiso, cioè della gioia eterna per la quale l'anima è stata creata e a cui naturalmente continua a tendere; la privazione della compagnia degli Angeli e dei Santi, essendoci un abisso insuperabile tra i Beati e i dannati; la privazione della gloria del corpo dopo la risurrezione universale. Ascoltiamo che cosa disse un dannato riguardo alle sue atroci sofferenze. Nel 1634 a Loudun, nella diocesi di Poitiers, si presentò ad un pio sacerdote un'anima dannata.
Quel sacerdote chiese: "Che cosa soffri all'inferno?".
L'anima dannata rispose: "Noi soffriamo un fuoco che non si spegne mai, una terribile maledizione e soprattutto una rabbia impossibile a descriversi, perché non possiamo vedere Colui che ci ha creati e che abbiamo perduto per sempre per colpa nostra!... ".

IL TORMENTO DEL RIMORSO

Parlando dei dannati, Gesù dice: "Il loro verme non muore" (Mc 9, 48). Questo "verme che non muore", spiega San Tommaso, è il rimorso, dal quale il dannato sarà in eterno tormentato. Mentre il dannato sta nel luogo dei tormenti pensa: "Mi sono perduto per niente, per godere appena piccole e false gioie nella vita terrena che è svanita in un lampo... Avrei potuto salvarmi con tanta facilità e invece mi sono dannato per niente, per sempre e per colpa mia!". Nel libro "Apparecchio alla morte" si legge che a Sant'Umberto apparve un defunto che si trovava all'inferno; questi affermò: "Il terribile dolore che continuamente mi rode è il pensiero del poco per cui mi sono dannato e del poco che avrei dovuto fare per andare in paradiso!". Nello stesso libro, Sant'Alfonso riporta anche l'episodio di Elisabetta, regina d'Inghilterra, che stoltamente arrivò a dire: "Dio, dammi quarant'anni di regno e io rinuncio al paradiso!". Ebbe effettivamente un regno di quarant'anni, ma dopo la morte fu vista di notte sulle sponde del Tamigi, mentre, circondata da fiamme, gridava: "Quarant'anni di regno e un'eternità di dolore!...".

LA PENA DEL SENSO

Oltre alla pena del danno che, come si è visto, consiste nel dolore atroce per la perdita di Dio, ai dannati è riservata nell'altra vita la pena del senso. Si legge nella Bibbia: "Con quelle stesse cose per cui uno pecca, con esse è poi castigato" (Sap 11, 10). Quanto più dunque uno avrà offeso Dio con un senso, tanto più, sarà tormentato in esso. E' la legge del contrappasso, di cui si servì anche Dante Alighieri nella sua "Divina Commedia'; il poeta assegnò ai dannati pene diverse, in rapporto ai loro peccati. La più terribile pena del senso è quella del fuoco, di cui ci ha parlato più volte Gesù. Anche su questa terra la pena del fuoco è la maggiore tra le pene sensibili, ma c'è una grande differenza tra il fuoco terreno e quello dell'inferno. Dice Sant'Agostino: "A confronto del fuoco dell'inferno il fuoco che conosciamo noi è come se fosse dipinto". La ragione è che il fuoco terreno Dio l'ha voluto per il bene dell'uomo, quello dell'inferno, invece, l'ha creato per punire le sue colpe. Il dannato è circondato dal fuoco, anzi, è immerso in esso più che il pesce nell'acqua; sente il tormento delle fiamme e come il ricco epulone della parabola evangelica urla: "Questa fiamma mi tortura!" (Lc 16, 24). Alcuni non possono sopportare il disagio di camminare per strada sotto un sole cocente e poi magari... non temono quel fuoco che dovrà divorarli in eterno! Parlando a chi vive incoscientemente nel peccato, senza porsi il problema della finale resa dei conti, San Pier Damiani scrive: "Continua, pazzo, ad accontentare la tua carne; verrà un giorno in cui i tuoi peccati diventeranno come pece nelle tue viscere che farà più tormentosa la fiamma che ti divorerà in eterno!". È illuminante l'episodio che San Giovanni Bosco narra nella biografia di Michele Magone, uno dei suoi migliori ragazzi. "Alcuni ragazzi commentavano una predica sull'inferno. Uno di essi osò dire scioccamente: 'Se andremo all'inferno almeno ci sarà il fuoco per riscaldarsi!'. A queste parole Michele Magone corse a prendere una candela, l'accese e accostò la fiammella alle mani del ragazzo spavaldo. Questi non si era accorto della cosa e, quando sentì il forte calore alle mani che teneva dietro la schiena, scattò subito e si arrabbiò. "Come - rispose Michele - non puoi sopportare per un momento la debole fiamma di una candela e arrivi a dire che staresti volentieri tra le fiamme dell'inferno?". La pena del fuoco comporta anche la sete. Quale tormento la sete ardente in questo mondo! E quanto più grande sarà lo stesso tormento all'inferno, come testimonia il ricco epulone nella parabola narrata da Gesù! Una sete inestinguibile!!!

Santa Teresa d'Avila
e la sua visione dell' inferno ...

Santa Teresa d'Avila, che fu una delle principali scrittrici del suo secolo, ebbe da Dio, in visione, il privilegio di scendere all'inferno mentre era ancora in vita. Ecco come descrive, nella sua "Autobiografia" ciò che vide e provò negli abissi infernali.

"Trovandomi un giorno in preghiera, improvvisamente fui trasportata in anima e corpo all'inferno. Compresi che Dio voleva farmi vedere il luogo preparatomi dai demoni e che avrei meritato per i peccati in cui sarei caduta se non avessi cambiato vita. Per quanti anni io abbia a vivere non potrò mai dimenticare l'orrore dell'inferno. L'ingresso di questo luogo di tormenti mi è sembrato simile a una specie di forno, basso e oscuro. Il suolo non era che orribile fango, pieno di rettili velenosi e c'era un odore insopportabile. Sentivo nell'anima mia un fuoco, del quale non vi sono parole che possano descrivere la natura e il mio corpo contemporaneamente in preda ai più atroci tormenti. I grandissimi dolori che avevo già sofferto nella mia vita sono nulla in confronto a quelli provati all'inferno. Inoltre, l'idea che le pene sarebbero state senza fine e senza alcun sollievo, completava il mio terrore. Ma queste torture del corpo non sono paragonabili a quelle dell'anima. Provavo un'angoscia, una stretta al cuore così sensibile e, nello stesso tempo, così disperata e così amaramente triste, che tenterei invano di descriverla. Dicendo che in ogni momento si soffrono le angosce della morte, direi poco.

Non potrò mai trovare espressione adatta per dare un'idea di questo fuoco interiore e di questa disperazione, che costituiscono appunto la parte peggiore dell'inferno. Ogni speranza di consolazione è spenta in quell'orribile luogo; vi si respira un'aria pestilenziale: ci si sente soffocare. Nessun raggio di luce: non vi sono che tenebre e tuttavia, oh mistero, senza alcuna luce che rischiari, si vede quanto vi può essere di più ripugnante e penoso alla vista.

Posso assicurare che tutto quanto si può dire dell'inferno, quanto si legge nei libri di strazi e di supplizi diversi che i demoni fanno subire ai dannati, è un nulla in confronto alla realtà; **c'è la stessa differenza che passa tra il ritratto di una persona e la persona stessa.** Bruciare in questo mondo è pochissima cosa in confronto a quel fuoco che provai all'inferno. Sono ormai trascorsi circa sei anni da quella spaventosa visita all'inferno ed io, descrivendola, mi sento ancora presa da tale terrore che il sangue mi si gela nelle vene. In mezzo alle mie prove e ai dolori richiamo spesso tale ricordo ed allora quanto si può soffrire in questo mondo mi sembra cosa da ridere. Siate dunque eternamente benedetto, o mio Dio, perché mi avete fatto provare nel modo più reale l'inferno, ispirandomi così il più vivo timore per tutto ciò che può ad esso condurre."

IL GRADO DELLA PENA

Dio è infinitamente giusto e, come in paradiso assegna gradi maggiori di gloria a coloro che più lo hanno amato durante la vita, così all'inferno dà pene maggiori a chi l'ha offeso di più. Chi è nel fuoco eterno per un solo peccato mortale soffre orribilmente per quest'unica colpa; chi è dannato per cento, o mille... peccati mortali soffre cento, o mille volte... di più. Più legna si mette nel forno, più aumenta la fiamma e il calore. Perciò chi, tuffato nel vizio, calpesta la legge di Dio moltiplicando ogni giorno le sue colpe, se non si rimette in grazia di Dio e muore nel peccato, avrà un inferno più tormentoso di altri. Per chi soffre è un sollievo pensare: "Un giorno finiranno queste mie sofferenze". Il dannato, invece, non trova alcun sollievo, anzi, il pensiero che i suoi tormenti non avranno fine è come un macigno che rende più atroce ogni altro dolore. Chi va all'inferno (e chi ci va, ci va per sua libera scelta) vi resta... in eterno!!!
Per questo Dante Alighieri (Terziario Francescano), nel suo "Inferno", scrive: "Lasciate ogni speranza, o voi ch'entrate!". Non è un'opinione, ma è verità di fede, rivelata direttamente da Dio, che il castigo dei dannati non avrà mai fine. Ricordo soltanto quanto ho già citato delle parole di Gesù: "Via, lontano da me, maledetti, nel fuoco eterno" (Mt 25, 41). Scrive Sant'Alfonso: "Quale pazzia sarebbe quella di chi, per godersi una giornata di spasso, accettasse la condanna di star chiuso in una fossa per venti o trent'anni! Se l'inferno durasse cento anni, o anche solo due o tre anni, pure sarebbe una grande pazzia per un attimo di piacere condannarsi a due o tre anni di fuoco. Ma qui non si tratta di cento o di mille anni, si tratta dell'eternità, e cioè di patire per sempre gli stessi atroci tormenti che non avranno mai fine. I miscredenti dicono: "Se esistesse un inferno

Eterno Dio sarebbe ingiusto! Perché castigare un peccato che dura un momento con una pena che dura in eterno?".
Si può rispondere così : "E come può un peccatore, per il piacere di un momento, offendere un Dio di infinita maestà? E come può, con i suoi peccati, calpestare la passione e la morte di Gesù?". "Anche nel giudizio umano - dice San Tommaso - la pena non si misura secondo la durata della colpa, ma secondo la qualità del delitto". L'omicidio, anche se si commette in un momento, non viene punito con una pena momentanea. Dice San Bernardino da Siena: "Con ogni peccato mortale si fa a Dio un'ingiustizia infinita, essendo Egli infinito; e a un'ingiuria infinita spetta una pena infinita!". SEMPRE!... SEMPRE!!... SEMPRE!!! Si narra negli "Esercizi Spirituali" del Padre Segneri che a Roma, essendo stato chiesto al demonio che stava nel corpo di un ossesso, per quanto tempo dovesse stare all'inferno, rispose con rabbia: "Sempre!... Sempre!!... Sempre!!!".
Fu così grande lo spavento che molti giovani del seminario romano, presenti all'esorcismo, fecero una confessione generale e si incamminarono con più impegno nella via della perfezione. Anche per il tono in cui furono gridate, quelle tre parole del demonio: "Sempre!... Sempre!!... Sempre!!!' fecero più effetto di una lunga predica.

Nel 1923
La Serva di Dio
Suor Josefa Menendez ...
scese viva nel fuoco dell' inferno

Ci sono nel mondo alcune persone privilegiate che sono scelte da Dio per una missione particolare. A costoro Gesù si presenta in modo sensibile e le fa vivere nello stato di vittime, rendendole compartecipi anche dei dolori della sua Passione. Perché possano soffrire di più e così salvare più peccatori, Dio permette che alcune di queste persone siano trasportate, anche se viventi, nell'ordine soprannaturale e che patiscano per qualche tempo all'inferno, con l'anima e col corpo. Come avvenga questo fenomeno non possiamo spiegarlo. Si sa solo che, quando tornano dall'inferno, queste anime vittime sono afflittissime. Le anime privilegiate di cui si parla improvvisamente scompaiono dalla propria camera, anche alla presenza di testimoni, e, dopo un certo periodo, talvolta di diverse ore, riappaiono. Sembrano cose impossibili ma ci sono documentazioni storiche. Si è già detto di Santa Teresa d'Avila. Ora citiamo il caso di un'altra Serva di Dio: Suor Josepha Menendez, vissuta nel secolo scorso. Nei racconti autobiografici Suor Josefa parla così dell'inferno: "In un istante mi trovai nell'inferno, ma senza esservi trascinata come le altre volte, e proprio come vi devono cadere i dannati. L'anima vi si precipita da se stessa, vi si getta come se desiderasse sparire dalla vista di Dio, per poterlo odiare e maledire. L'anima mia si lasciò cadere in un abisso di cui non si poteva vedere il fondo, perché immenso... Ho visto l'inferno come sempre: antri e fuoco. Benché non si vedano forme corporali, i tormenti straziano le anime dannate (che tra loro si conoscono) come se i loro corpi fossero presenti. Fui spinta in una nicchia di fuoco e schiacciata come tra piastre roventi e come se dei ferri e delle punte aguzze arroventate si infiggessero nel mio corpo. Ho sentito come se, pur senza riuscirci, si volesse strapparmi la lingua, cosa che mi riduceva agli estremi, con un atroce dolore. Gli occhi mi sembrava che uscissero dall'orbita, credo a causa del fuoco che li bruciava orrendamente. Non si può né muovere un dito per cercare sollievo, né cambiare posizione; il corpo è come compresso. Gli orecchi sono come storditi dalle grida orrende e confuse che non cessano un solo istante. Un odore nauseabondo e una ripugnante asfissia invade tutti, come se bruciasse carne in putrefazione con pece e zolfo. Tutto questo l'ho provato come nelle altre occasioni e, sebbene questi tormenti siano terribili, sarebbero un nulla se l'anima non soffrisse; ma essa soffre in modo indicibile per la privazione di Dio. Vedevo e sentivo alcune di queste anime dannate ruggire per l'eterno supplizio che sanno di dover sopportare, specialmente alle mani. Penso che durante la vita abbiano rubato, poiché gridavano: 'Maledette mani, dov'è ora quello che avete preso?'… Altre anime, urlando, accusavano la propria lingua, o gli occhi... ognuna ciò che è stato la causa del suo peccato: 'Ora paghi atrocemente le delizie che ti concedevi, o mio corpo!... E sei tu, o corpo, che l'hai voluto!... Per un istante di piacere, un'eternità di dolore!...

Mi sembra che all'inferno le anime si accusino specialmente di peccati di impurità. Mentre ero in quell'abisso, ho visto precipitare delle persone impure e non si possono dire né comprendere gli orrendi ruggiti che uscivano dalle loro bocche: 'Maledizione eterna!... Mi sono ingannata!... Mi sono perduta!... Sarò qui per sempre!... per sempre!!... per sempre!!!... e non ci sarà più rimedio... Maledetta me!... Una ragazzina urlava disperatamente, imprecando contro le cattive soddisfazioni che ha concesso in vita al suo corpo e maledicendo i genitori che le avevano dato troppa libertà nel seguire la moda e i divertimenti mondani. Era dannata da tre mesi. Tutto ciò che ho scritto - conclude la Menendez - è soltanto una pallida ombra al confronto con ciò che si soffre veramente all'inferno."

L' invidia diabolica nei confronti dell' uomo

I demoni precipitarono all'inferno per il loro odio verso Dio e per la loro invidia nei confronti dell'uomo. E per questo odio e per questa invidia fanno di tutto per riempire gli abissi infernali. Col desiderio che si guadagnino il premio eterno, Dio ha voluto che gli uomini sulla terra fossero sottoposti ad una prova. Ha dato loro due grandi comandamenti: amare Dio con tutto il cuore e il prossimo come se stessi. Essendo dotato di libertà, ognuno decide se obbedire al Creatore o ribellarsi a Lui. La libertà è un dono, ma guai ad abusarne! I demoni non possono violentare la libertà dell'uomo fino al punto di sopprimerla, possono però fortemente condizionarla. Un esorcista nel 1934 era impegnato con liberazione di una bambina ossessa. Da questa esperienza estrapolo un breve colloquio tenuto col demonio.

\- Perché ti trovi in questa bambina? - Per tormentarla.

\- E prima di essere qui, dov'eri? - Andavo lungo le vie.

\- Che cosa fai quando vai in giro?

\- Cerco di far commettere peccati alla gente.

\- E cosa ci guadagni?

La soddisfazione di farvi venire all'inferno con me...

Non aggiungo il resto del colloquio.

Dunque, per tentare le persone al peccato i demoni vanno in giro in modo invisibile ma reale. Ce lo ricorda San Pietro: "Siate temperanti, vigilate. Il vostro nemico, il diavolo, come leone ruggente va in giro, cercando chi divorare. Resistetegli saldi nella fede." (1 Pt 5, 8-9). Il pericolo c'è, è reale e grave: non va sottovalutato, ma c'è anche la possibilità e il dovere di difendersi.

La vigilanza, cioè la prudenza, una vita spirituale intensa coltivata con la preghiera, con qualche rinuncia, con buone letture, con buone amicizie, la fuga dalle cattive occasioni e dalle cattive compagnie. Se non si attua questa strategia, non riusciamo più a dominare i nostri pensieri, gli sguardi, le parole, le azioni e... inesorabilmente nella nostra vita spirituale tutto franerà.

COME PARLA LUCIFERO ALL' INFERNO ...

Sempre la Serva di Dio Suor J.Menendez così lo racconta: "Mentre ero discesa all'inferno, udii Lucifero dire ai suoi satelliti: "Voi dovete tentare e prendere gli uomini ognuno per il suo verso: chi per la superbia, chi per l'avarizia, chi per l'ira, chi per la gola, chi per l'invidia, altri per l'accidia, altri ancora per la lussuria... Andate e impegnatevi più che potete! Spingeteli all'amore **come lo intendiamo noi!** Fate bene il vostro lavoro, senza tregua e senza pietà. Bisogna rovinare il mondo e far in modo che le anime non ci sfuggano". Gli ascoltatori rispondevano: "Siamo tuoi schiavi! Lavoreremo senza riposo. **Molti ci combattono**, ma noi lavoreremo giorno e notte... Riconosciamo la tua potenza". Sentii in lontananza come un rumore di coppe e di bicchieri. Lucifero gridò: "Lasciateli gozzovigliare,dopotutto ci sarà più facile visto che amano ancora godere: finiscano il loro banchetto! Quella è la porta per cui entreranno". Aggiunse poi cose orribili che non si possono dire né scrivere. Satana gridava rabbiosamente per un'anima che gli stava sfuggendo: "Istigatela al timore! Spingetela alla disperazione, perché se si affida alla misericordia di quel... (e bestemmiava Nostro Signore) siamo perduti. Riempitela di timore,

non lasciatela un solo istante e soprattutto fatela dispera-
re". Così dicono e purtroppo così fanno i demoni. La loro
potenza, anche se dopo la venuta di Gesù è più limitata, è
ancora spaventosa.

I PECCATI CHE MANDANO PIU' ANIME ALL' INFERNO

È particolarmente importante tener presente la prima insidia diabolica che trattiene tante anime nella schiavitù di Satana: è la mancanza di riflessione, che fa perdere di vista il fine della vita. Il demonio grida alle sue prede: "La vita è un piacere: dovete cogliere tutte le gioie che la vita vi regala". Gesù, invece, sussurra al tuo cuore: "Beati quelli che piangono." (cfr. Mt 5, 4)... "Per entrare in cielo bisogna farsi violenza." (cfr. Mt 11, 12)... "Chi vuol venire dietro a me, rinneghi se stesso, prenda la sua croce ogni giorno e mi segua." (Lc 9, 23). Il nemico infernale ci suggerisce: "Pensate al presente, perché con la morte tutto finisce!".
Il Signore invece ti esorta: "Ricordati dei novissimi (la morte, il giudizio, l'inferno e il paradiso) e non peccherai".
L'uomo impiega buona parte del suo tempo in tanti affari, e dimostra intelligenza e scaltrezza nell'acquistare e conservare i beni terreni, ma poi non impiega neppure le briciole del suo tempo per riflettere sulle necessità molto più importanti della sua anima, per cui vive in un'assurda, incomprensibile e pericolosissima superficialità, che può avere conseguenze spaventose. Il demonio porta a pensare: "Meditare non serve a niente: tempo perso!". Se oggi tanti vivono in peccato è perché non riflettono seriamente e non meditano mai sulle verità rivelate da Dio. Il pesce che è già finito nella rete del pescatore, finché è ancora nell'acqua non sospetta di essere stato catturato, quando però la rete esce dal mare, si dibatte perché sente vicina la sua fine, ma ormai è troppo tardi : così i peccatori...! Finché

sono in questo mondo se la spassano allegramente e non sospettano nemmeno di essere nella rete diabolica; se ne accorgeranno quando ormai non potranno più rimediarvi... appena entrati nell'eternità! <u>Se potessero ritornare in questo mondo come cambierebbe la loro vita!</u>

SPRECO DI BENI

Da quanto esposto finora e, specialmente dal racconto di certi fatti, appare chiaro quali siano i principali peccati che portano alla dannazione eterna, ma si tenga presente che non sono solo questi peccati a spedire gente all'inferno: ce ne sono molti altri. Per quale peccato il ricco epulone è finito all'inferno? Aveva tanti beni e li sprecava in banchetti (sperpero e peccato di gola) e inoltre si manteneva ostinatamente insensibile ai bisogni dei poveri (mancanza di amore e avarizia). Tremino dunque certi ricchi che non vogliono esercitare la carità: anche a loro, se non cambiano vita, è riservata la sorte del ricco epulone.

L'IMPURITA'

Il peccato che più facilmente porta all'inferno è l'impurità. Dice Sant'Alfonso: "Si va all'inferno anche solo per questo peccato, o comunque non senza di esso". Ricordo le parole del demonio riportate nel primo capitolo: "Tutti quelli che sono là dentro, nessuno escluso, ci sono con questo peccato o anche solo per questo peccato". **(Qualche volta, se costretto, anche il diavolo dice la verità!)**

Gesù ci ha detto: "Beati i puri di cuore, perché vedranno Dio" (Mt 5, 8). Ciò significa che gli impuri non solo non vedranno Dio nell'altra vita, ma neanche in questa vita riescono a sentirne il fascino, per cui perdono il gusto della preghiera, pian piano perdono la fede anche senza accorgersene e... senza fede e senza preghiera non percepiscono più per quale motivo dovrebbero fare il bene e fuggire il male. Così ridotti, sono attratti da ogni peccato. Questo vizio indurisce il cuore e, senza una grazia speciale, trascina all'impenitenza finale e … all'inferno.

MATRIMONI IRREGOLARI

Dio perdona qualunque colpa, purché ci sia il vero pentimento e cioè la volontà di mettere fine ai propri peccati e di cambiare vita.
Fra mille matrimoni irregolari (divorziati, risposati, conviventi) forse solo qualcuno sfuggirà all'inferno, perché normalmente non si pentono neanche in punto di morte. Infatti, se campassero ancora continuerebbero a vivere nella stessa situazione irregolare. C'è da tremare al pensiero che, quasi tutti oggi, anche quelli che divorziati non sono, considerano il divorzio come una cosa normale! Purtroppo, molti ormai ragionano come vuole il mondo e non più come vuole Dio.

IL SACRILEGIO

Un peccato che può condurre alla dannazione eterna è il sacrilegio. Disgraziato colui che si mette su questa strada!

Commette sacrilegio chi volontariamente nasconde in Confessione qualche peccato mortale, oppure si confessa senza la volontà di lasciare il peccato, o di fuggirne le occasioni prossime. Quasi sempre chi si confessa in modo sacrilego compie anche il sacrilegio eucaristico, perché poi riceve la Comunione in peccato mortale.

LA VISIONE DELL' INFERNO DI SAN GIOVANNI BOSCO

"Mi trovai con la mia guida (l'Angelo custode) in fondo a un precipizio che finiva in una valle oscura. Ed ecco comparire un edificio immenso con una porta altissima che era chiusa. Toccammo il fondo del precipizio. Un caldo soffocante mi opprimeva. Un fumo grasso, quasi verde, e guizzi di fiamme sanguigne si innalzavano sui muraglioni dell'edificio. Domandai: "Dove ci troviamo?". "Leggi l'iscrizione che c'è sulla porta",mi rispose la guida. Guardai e vidi scritto: "Ubi non est redemptio!",cioè: "Dove non c'è redenzione!", intanto vidi precipitare dentro quel baratro... prima un giovane, poi un altro e poi altri ancora; tutti avevano scritto in fronte il proprio peccato. Mi disse la guida: "Ecco la causa prevalente di queste dannazioni: i compagni cattivi, i libri cattivi e le perverse abitudini". Quei poveri ragazzi erano giovani che io conoscevo. Domandai alla mia guida: "Ma dunque è inutile lavorare tra i giovani se poi tanti fanno questa fine! Come impedire tutta questa rovina?"

Quelli che hai visto sono ancora in vita. Questo però è lo stato attuale delle loro anime, se morissero in questo momento verrebbero senz'altro qui!" disse l'Angelo. Dopo, entrammo nell'edificio; si correva con la velocità di un baleno. Sboccammo in un vasto e tetro cortile. Lessi questa iscrizione: "Ibunt impii in ignem aetemum" , cioè: "Gli empi andranno nel fuoco eterno!". "Vieni con me", soggiunse la guida. Mi prese per una mano e mi condusse davanti a uno sportello che aprì. Mi si presentò allo sguardo una specie di caverna, immensa e piena di un fuoco terrificante, che sorpassava di molto il fuoco della terra. Questa spelonca non ve la posso descrivere con parole umane in tutta la sua spaventosa realtà. All'improvviso cominciai a vedere dei giovani che cadevano nella caverna ardente. La guida mi disse: "L'impurità è la causa della rovina eterna di tanti giovani!'. "Ma se hanno peccato si sono poi anche confessati?". "Si sono confessati, ma le colpe contro la virtù della purezza le hanno confessate male o del tutto taciute. Ad esempio, uno aveva commesso quattro o cinque di questi peccati, ma ne ha detto solo due o tre. Ve ne sono alcuni che ne hanno commesso uno nella fanciullezza e per vergogna non l'hanno mai confessato o l'hanno confessato male. Altri non hanno avuto il dolore e il proposito di cambiare. Qualcuno invece di fare l'esame di coscienza cercava le parole adatte per ingannare il confessore. E chi muore in questo stato, decide di collocarsi tra i colpevoli non pentiti e tale resterà per tutta l'eternità. Ed ora vuoi vedere perché la misericordia di Dio ti ha portato qui?". La guida sollevò un velo e vidi un gruppo di giovani di questo oratorio che conoscevo bene: tutti condannati per questa colpa. Fra questi ce ne erano alcuni che in apparenza avevano una buona

condotta. La guida mi disse ancora: "Predica sempre e ovunque contro l'impurità!". Poi parlammo per circa mezz'ora sulle condizioni necessarie per fare una buona confessione e si concluse: "Bisogna cambiar vita... Bisogna cambiar vita!". Ora che hai visto i tormenti dei dannati, bisogna che anche tu provi un poco l'inferno! Usciti da quell'orribile edificio, la guida afferrò la mia mano e toccò l'ultimo muro esterno. Io emisi un grido di dolore. Cessata la visione, notai che la mia mano era realmente gonfia e per
una settimana portai la fasciatura."

La testimonianza di una donna confessatasi male da un gesuita ...

Sotto in foto ritratto di Padre Giovanni Battista Ubanni

Padre Giovan Battista Ubanni, gesuita, racconta che una donna, per anni, continuava a confessarsi nascondendo un peccato di impurità. Arrivati in quel luogo due sacerdoti domenicani la donna, che da tempo aspettava un confessore forestiero, pregò uno di questi di ascoltare la sua confessione.

Usciti di chiesa, il compagno narrò al confessore di aver osservato che, mentre quella donna si confessava, uscivano dalla sua bocca molti serpenti, però un serpente più grosso era uscito solo col capo, ma poi era rientrato di nuovo. Allora anche tutti i serpenti che erano usciti rientrarono. Ovviamente il confessore non parlò di ciò che aveva udito in Confessione, ma sospettando quel che poteva essere successo fece di tutto per ritrovare quella donna. Quando arrivò presso la sua abitazione, venne a sapere che era morta appena rientrata in casa. Saputa la cosa, quel buon sacerdote si rattristò e pregò per la defunta. Questa gli apparve in mezzo alle fiamme e gli disse: "Io sono quella donna che si è confessata questa mattina; ma ho fatto un sacrilegio. Avevo un peccato che non mi sentivo di confessare al sacerdote

ma anche con te mi lasciai vincere dalla vergogna e subito la Divina Giustizia mi ha colpito con la morte mentre entravo in casa. Giustamente sono condannata all'inferno!".
Dopo queste parole si aprì la terra e fu vista precipitare e sparire.

Testimonianza riportata da Padre Francesco Rivignez riguardante un anima dannata all' inferno.

(Tale episodio è stato confermato e più volte riportato anche da Sant' Alfonso)

Scrive il Padre Francesco Rivignez (l'episodio è riportato anche da Sant'Alfonso) che in Inghilterra, quando c'era la religione cattolica, il re Anguberto aveva una figlia di rara bellezza che era stata chiesta in sposa da diversi principi. Interrogata dal padre sulla sua volontà a diventare sposa, rispose che non poteva perché aveva fatto il voto di perpetua verginità. Il padre ottenne dal Papa la dispensa, ma lei rimase ferma nel suo proposito di non servirsene e di vivere ritirata in casa. Il padre l'accontentò. Cominciò a fare una vita santa: preghiere, digiuni e varie altre penitenze. Riceveva i Sacramenti e andava spesso a servire gli infermi in un ospedale. In tale stato di vita si ammalò e morì. Una donna che era stata sua educatrice, trovandosi una notte in preghiera, sentì nella stanza un gran fracasso e subito dopo vide un'anima con l'aspetto di donna in mezzo a un gran fuoco e incatenata tra molti demoni. L'anima disse: "Io sono l'infelice figlia del re Anguberto".L'educatrice incredula esclamò: "Ma come, tu dannata con una vita così santa?". "Giustamente sono dannata... per colpa mia. Da bambina io caddi in un peccato contro la purezza. Andai a confessarmi, ma la vergogna mi chiuse la bocca: invece di accusare umilmente il mio peccato, lo coprii in modo che il confessore non capisse nulla. Il sacrilegio si è ripetuto molte volte. Sul letto di morte io dissi al confessore, vagamente, che ero stata una grande peccatrice, ma il confessore, ignorando il vero stato della mia anima, mi impose di scacciare questo pensiero come una tentazione. Poco dopo spirai e fui condannata per tutta l'eternità alle fiamme dell'inferno!". Detto questo disparve, ma con così tanto strepito che sembrava trascinasse il mondo e lasciando in quella camera un odore ributtante che durò parecchi giorni.

PERCHE' PENSARE ALL' INFERNO? MOLTI OGGI DICONO CHE SI DEBBA PARLARE SOLO DI AMORE ...

Il pensiero dell'inferno genera i Santi. Milioni di martiri, dovendo scegliere tra il piacere, la ricchezza, gli onori... e la morte per Gesù hanno preferito la perdita della vita piuttosto che andare all'inferno, memori delle parole del Signore: **"A che serve all'uomo guadagnare il mondo intero se poi perde la sua anima?"** (cfr. Mt 16, 26). Schiere di anime generose lasciano famiglia e patria per portare la luce del Vangelo agli infedeli in terre lontane. Così facendo si assicurano meglio l'eterna salvezza. Quanti religiosi abbandonano anche i piaceri leciti della vita e si danno alla mortificazione, per raggiungere più facilmente la vita eterna in paradiso! E quanti uomini e donne, sposati o no, pur con non pochi sacrifici osservano i Comandamenti di Dio e si impegnano in opere di apostolato e di carità! Chi sostiene tutte queste persone in una fedeltà e generosità certamente non facili? È il pensiero che saranno giudicati da Dio e premiati col paradiso o castigati con l'inferno eterno. E quanti esempi di eroismo troviamo nella storia della Chiesa! Una ragazzina di dodici anni, Santa Maria Goretti, si lasciò uccidere piuttosto che offendere Dio e dannarsi. Cercò di fermare il suo violentatore e assassino dicendogli: "No, Alessandro, se fai questo vai all'inferno!". San Tommaso Moro, gran cancelliere d'Inghilterra, alla moglie che lo sollecitava a cedere all'ordine del re, sottoscrivendo una decisione contro la Chiesa, rispose: "Che cosa sono venti, trenta, o quarant'anni di vita comoda in confronto all'inferno?". Non sottoscrisse e fu condannato a morte. Oggi è Santo. Nella vita terrena, buoni e cattivi vivono insieme come il grano e la zizzania si trovano nello stesso campo, ma alla fine del mondo l'umanità sarà divisa in due schiere: quella dei salvati e quella dei dannati. Il Giudice Divino confermerà allora solennemente la sentenza data a ciascuno subito dopo la morte. Con un po' di fantasia, proviamo a immaginare la comparsa davanti a Dio di un'anima cattiva, che sentirà fioccare su di sé la sentenza di condanna. In un lampo sarà giudicata. Vita gaudente... libertà dei sensi... divertimenti peccaminosi... indifferenza totale, o quasi, nei confronti di Dio... derisione della vita eterna e specialmente dell'inferno... In un lampo la morte tronca il filo della sua esistenza quando meno se l'aspetta. Liberata dai legami della vita terrena, quell'anima si trova subito davanti a Cristo Giudice e comprende fino in fondo di essersi ingannata durante la vita … - Dunque, c'è un'altra vita!... Come sono stata stolta! Se potessi tornare indietro e rimediare al passato!... - Rendimi conto, o mia creatura, di ciò che hai fatto in vita. - Ma io non sapevo di dover sottostare ad una legge morale. - Io, tuo Creatore e Sommo Legislatore, ti chiedo: Che ne hai fatto dei miei Comandamenti? - Ero convinta che non ci fosse un'altra vita o che, comunque, tutti si sarebbero salvati. - Se tutto finisse con la morte, Io, tuo Dio, mi sarei fatto Uomo inutilmente e inutilmente sarei morto su una croce! - Sì, ho sentito di questa cosa, ma non vi ho dato peso; per me era una notizia superficiale. - Non ti ho dato l'intelligenza per conoscermi e per amarmi? Ma tu hai preferito vivere come le bestie... senza testa. Perché non hai imitato la condotta dei miei buoni discepoli? Perché non mi hai amato fin che eri sulla terra? Tu hai consumato il tempo

che ti ho dato alla caccia di piaceri... Perché non hai mai pensato all'inferno? Se tu l'avessi fatto, mi avresti onorato e servito, se non per amore almeno per timore! - Dunque, per me c'è l'inferno?... - Sì, e per tutta l'eternità. Anche il ricco epulone di cui ti ho parlato nel Vangelo non credeva all'inferno... eppure vi è finito dentro. A te la stessa sorte!... Vai, anima maledetta, nel fuoco eterno! **In un attimo l'anima si trova nel fondo degli abissi, mentre il suo cadavere è ancora caldo e si preparano i funerali...** -"Maledetta me! Per la gioia di un attimo, che è svanita come un lampo, dovrò bruciare in questo fuoco, lontana da Dio, per sempre! Se non avessi coltivato quelle amicizie pericolose... Se avessi pregato di più, se avessi ricevuto più spesso i Sacramenti … non mi troverei in questo luogo di estremi tormenti! Maledetti piaceri! Maledetti beni! Ho calpestato la giustizia e la carità per avere un po' di ricchezza... Ora altri se la godono e io devo scontare qui per tutta l'eternità. Ho agito da pazza! Speravo di salvarmi, ma mi è mancato il tempo di rimettermi in grazia. La colpa è stata mia. Sapevo che mi sarei potuta dannare, ma ho preferito continuar a peccare. La maledizione cada su chi mi dato il primo scandalo. Se potessi ritornare in vita... come cambierebbe la mia condotta!"
Parole... parole … parole ... Troppo tardi ormai...!!!

L' inferno è una morte senza morte, una fine senza fine.
(San Gregorio Magno)

TESTIMONIANZA DI SANTA BRIGIDA
GIUDIZIO DI UNA PRIMA ANIMA…

S. Brigida ebbe un giorno la visione di un'anima ch'era presentata al Giudice Supremo dal suo angelo custode sotto la figura d'un soldato armato e dal demonio che aveva la forma d'un negro dell'Etiopia. L'anima era tutta nuda e dolentissima, non sapendo che sarebbe stato di lei. L'angelo custode parlò in questi termini: "Non è giusto che si rimproverino a quest'anima i peccati che ha confessato. Chi parlava in tal modo, dice S. Brigida, sapeva tutto in Dio, ma parlava affinché io l'intendessi. Il Giudice rispose: "Quando quest'anima faceva penitenza - mediante la confessione - non aveva vera contrizione ». E parlando egli all'anima, le disse: "La tua coscienza dica e dichiari i peccati di cui non facesti degna penitenza". Allora l'anima alzò talmente la voce da poter quasi essere udita dall'universo intero, dicendo : " Guai a me, perché io non vissi secondo i comandamenti di Dio, che pure conoscevo. Io non temetti i giudizi di Dio". E la voce del Giudice le rispose: "Ed è perciò che ora tu devi temere i demoni".L'anima continuò: "Io non ebbi quasi nessun amore di Dio, ed è perciò che feci poco bene. Nulla vi è in me, dalla pianta dei piedi fino al vertice del capo, ch'io non abbia rivestito di vanità. Inventai abiti vani e superbi, cercai di farmi lodar come bella. La mia bocca spesso era aperta alle paroline melate e alle leziosaggini. Godevo assai che molti imitassero le mie azioni e i miei costumi. La voce del Giudice allora rispose: "Giustizia vuole che chi sarà preso a commettere il peccato del quale tu sei punita, subisca le medesime pene. E quando qualcuno che avrà seguito le tue vane invenzioni, si troverà al punto in cui tu ti trovi, le tue pene aumenteranno". "Allora", dice S. Brigida, "mi parve che alla testa di quella persona fosse attaccata una fune, che la circondava e serrava così forte, che il davanti e il di dietro della testa si congiungevano insieme. I suoi occhi erano usciti dall'orbita e penzolavano per le loro radici lungo le gote; i capelli parevano essere stati bruciati dal fuoco. Il suo cervello colava per il naso e per le orecchie. Le usciva fuori la lingua e le si rompevano i denti; le ossa delle braccia le erano serrate con corde, le sue mani scorticate le venivano legate al collo. Il petto e il ventre erano così fortemente stretti che, spezzate le costole, il cuore e tutte le interiora schiattarono. Allora il negro, ch'era il demonio, disse: "O Giudice, i peccati di quest'anima sono condannati secondo giustizia; dunque congiungete insieme a me e l'anima per modo che noi non ci separiamo mai più". Il soldato armato, ch'era il buon angelo, rispose: "Ascoltate, o Giudice. Nell'ultimo momento della sua vita, questa persona ebbe questo pensiero: Se Dio volesse darmi qualche tempo per vivere, io correggerei i miei peccati, lo servirei in tutto il corso della mia vita e non vorrei mai più offenderlo". Allora la voce del Giudice si fece sentire. "<u>A chi ebbe tali pensieri alla fine della sua vita l'inferno non è dovuto.</u> Per la mia passione il cielo sarà aperto a quest'anima, dopo che ella avrà data soddisfazione e si sarà purificata per tanto tempo quanto avrà meritato, salvo che gli uomini non la soccorrano colle loro buone opere. Quest'anima era quella d'una persona che aveva votata la sua verginità nelle mani d'un sacerdote e che, infedele alla sua promessa, s'era poi sposata" (lib. IV, c. LI).

TESTIMONIANZA DI SANTA BRIGIDA
GIUDIZIO DI UNA PERSONA MONDANA

Nelle opere di S. Brigida si trova questa rivelazione di nostro Signore a proposito di un cavaliere ch'era stato infedele a Dio, aveva infranta la sua santa professione e violate le sue promesse: "Essendo uscito dal tempio dell'umiltà, disse nostro Signore, avendo gittato lo scudo della mia fede e abbandonata la spada del mio timore, egli insuperbì e si gonfiò d'orgoglio, si diede ad ogni sorta di voluttà, a tutti i capricci della sua volontà, ingolfandosi sempre più negli abissi del peccato e seppellendosi nei sozzi piaceri". Giunto all'estremo della sua vita, quando l'anima sua esalava dal suo corpo, i diavoli se ne impossessarono con gran violenza e tosto dall'inferno tre voci echeggiarono contro di lei. La prima diceva: " Non è forse colui che, abbandonando l'umiltà, ci ha seguiti in ogni sorta d'orgoglio? E se avesse potuto esser più orgoglioso di noi, lo sarebbe stato assai volentieri". L'anima rispose: " Sì, son io". La giustizia gli rispose: " La ricompensa del tuo orgoglio sarà che tu precipiti da un demonio in un altro, finché tu sia piombato nel più profondo abisso dell'inferno … Non vi sarà alcun supplizio di cui tu non debba subire la violenza". La seconda voce gridò e disse: "Questi non è forse colui che abbandonò la milizia di Dio che aveva professata e che si arruolò nella nostra milizia?".L'anima rispose: "Sì, sono io quel desco". E la Giustizia disse: "Tutti quelli che avranno seguita la tua perversità aumenteranno la tua pena e accresceranno il tuo dolore e, quando giungeranno al punto in cui tu sei, ti trafiggeranno come d'una piaga mortale. Come colui che ha una piaga crudele, se gli s'aggiungesse piaga sopra piaga, finché il corpo ne fosse tutto coperto, soffrirebbe dolori intollerabili, così una sventura attirerà sopra di te un mondo di sventure. La tua pena non cesserà mai e il tuo dolore non scemerà punto". La terza voce diceva: "Costui non è forse quello che vendette il suo Creatore per la creatura, l'amor del suo Dio per l'amor di se stesso?". L'anima rispose: "Sì, sono io quel cotale". "Per questo appunto", riprese la voce della Giustizia, "due porte gli saranno, aperte; per l'una entri ogni pena ed ogni dolore inflitto per tutti i peccati, piccoli e grandi, poichè egli vendette il suo Creatore per la sua voluttà. Per la seconda entri in lui ogni sorta di dolori e di vergogna, e mai non entreranno in lui nè consolazioni nè amore divino, perchè egli ha amato se stesso invece d'amar il suo Creatore. Perciò la sua pena durerà senza fine; egli vivrà senza mai morire e tutti i Santi rivolteranno da lui la loro faccia.

« Ecco, o mia sposa, quanto saranno miserabili coloro che mi disprezzano e quali dolori si procurano per una piccola e passeggera voluttà » (lib. II, c. ix).

LE VISIONI DELL' INFERNO DI SANTA VERONICA GIULIANI

S. Veronica Giuliani ebbe più volte visioni dell'inferno; noi crediamo utile riprodurle, come una conferma degl'insegnamenti di Dio a S. Caterina da Siena. Leggendole bisogna senza dubbio tener conto del simbolismo che sotto immagini materiali rappresenta supplizi spirituali, di cui noi non potremmo altrimenti farci una minima idea. Pare anche probabile che vi siano dei dannati che soffrano meno di quelli di cui ella vide le orribili torture; può anche darsi che il castigo, pur essendo eterno, non abbia sempre il medesimo grado d'acutezza. Certo è che nostro Signore nel Vangelo parla del fuoco e d'un fuoco eterno, che la sciagura della dannazione oltrepassa tutto quello che noi possiamo immaginare. Il 14 febbraio 1694, ella vide l'inferno aperto. Vi cadevano molte anime. Erano così turpi e così nere ch'era uno strazio vederle. Precipitavano una dietro all'altra e scomparivano tra le fiamme. Dal mezzo del fuoco che le inghiottiva si sollevavano dei pugnali, dei rasoi e degli strumenti di supplizio di varie sorta che poi ricadevano con tutto il loro peso per schiacciare quei miseri. La Santa chiese al Signore se fra le anime ch'ella aveva veduto cadere si trovasse qualche religioso o religiosa. E il Signore le fece conoscere che fra le anime precipitate ve ne erano anche religiose - e che l'avevano davvero meritato, perché non avevano mantenuto quello che avevano promesso e perché si erano rese colpevoli di tante violazioni delle loro regole. Il 1° aprile 1696, S. Veronica fu condotta alla bocca dell'inferno. Ella udì le grida e le bestemmie dei dannati, ma a tutta prima non notò altro che tenebre e puzza orribile. Il fuoco era nero e fitto. Poi ella vide molti demoni ch'erano come vestiti di fuoco e che si eccitavano a percuotere; poi seppe che picchiavano dei dannati. Il 5 dicembre del medesimo anno, ebbe una visione simile. Nel medesimo tempo il Salvatore si mostrò a lei flagellato, coronato di spine e con una pesante croce sulle spalle, e le disse: "Guarda bene questo luogo che non avrà mai fine. Qui si esercita la mia giustizia e il mio terribile sdegno". Il 30 giugno 1697, fu detto alla Santa che ella stava per passare attraverso nuove pene. Fu come una lenta partecipazione ai supplizi dell'inferno ch'ella sopportò per un'ora a più riprese. In quel giorno ella si sentì posta in una fornace ardente e provò pene atroci, come lance che la trafiggevano, ferri che la bruciavano, piombo bollente che le era versato su tutto il corpo. Il primo luglio, al mattino, ella si ritrovò in quel luogo di terrore. Si sentiva come abbandonata da Dio, non era più capace di raccomandarsi nè al Signore, nè ai Santi. Non perché ella non avesse il pensiero di Dio, al contrario; ma ella Lo vedeva senza misericordia e Tutto Giustizia. Il 4 luglio, l'inferno le parve così vasto che tutta la macchina del mondo, dice ella, non sarebbe nulla al confronto. Vide una ruota - come una macina - di grandezza smisurata, che ad ogn'istante cadeva sui dannati, poi si sollevava per ricadere ancora. Il 16 luglio sentì tutte le sue ossa stritolate da ruote che giravano tutt'intorno a lei. Nel medesimo tempo ella ebbe il sentimento della perdita di Dio, pena sì atroce, dice ella, che non si può spiegare. Tutti gli altri tormenti sembrano poca cosa in confronto a questo. Il 19 luglio, durante quello ch'ella chiamava l'ora d'eternità, si sentiva ora punta da spilli ed aghi, ora arsa da lastre roventi, ed ora lacerata nelle carni da strumenti da taglio. Il 6 febbraio 1703, il suo confessore avendole comandato di pregare per la città ove ella dimorava, il Signore le fece vedere come un immenso incendio che divorava la città; molte persone andavano a gettarsi nelle fiamme, altre sul punto di gettarvisi ritornavano indietro. Fu rivelato alla Santa che quelle fiamme rappresentavano il peccato di impurità a cui s'abbandonava un numero troppo grande de' suoi concittadini; ma altri, violentemente tentati, sapevano resistere. E il Signore le disse: " Di' a colui che tiene il Mio posto, al tuo confessore, che t'ha ordinato di chiedermi in che cosa sono io più offeso, ch'io sono offeso in tutti i modi, ma particolarmente coi peccati della carne. Vi sono pure fra questo popolo delle inimicizie che m'offendono grandemente e molte anime per questo motivo vanno all'inferno per tutta l'eternità". Il 27 gennaio 1716, Maria, comparendo a S. Veronica, chiamò i due angeli che la servivano da custodi e ordinò loro di condurla in spirito all'inferno. Poi la benedì e le disse: "Figlia mia, non temere, io sarò con te e t'aiuterò". Ad un tratto, racconta la Santa, mi trovai in un luogo oscuro, profondo e fetente. Udii muggiti di tori, ragli d'asino, ruggiti di leone, sibili di serpenti, ogni sorta di voci confuse e spaventose e grandi rombi di tuono che riempivano di terrore. Vidi lampi e fumo molto denso. Scorsi una gran montagna tutta coperta di serpenti, di vipere e di basilischi fra loro attorcigliati in numero incalcolabile. Udendo uscire di sotto a loro delle maledizioni e voci orrende, chiesi ai miei angeli che voci fossero quelle, ed essi mi risposero che lì si trovavano molte anime nei tormenti. Infatti quella gran montagna ad un tratto s'aprì ed io la vidi tutta ripiena d'anime e di demoni. Quelle anime erano tutte avvinghiate insieme, per modo che formavano una sola massa; i demoni le tenevano così legate a se stessi con catene di fuoco; ogni anima aveva parecchi demoni attorno a sé. Di là fui trasportata ad un'altra montagna ove si trovavano dei tori e dei cavalli furiosi che mordevano come cani arrabbiati.

Il fuoco dai loro occhi, dalla loro bocca e dal loro naso, i loro denti sembravano lance acutissime e spade taglienti, che riducevano in frantumi in un istante tutto ciò che afferravano. Compresi che mordevano e divoravano anime. Vidi altre montagne ove si praticavano dei tormenti più crudeli, ma non mi è possibile descriverli. Al centro di tal soggiorno infernale si erge un trono altissimo: in mezzo a quel trono vi è un seggio formato dei demoni, che sono i capi e i principi. Là siede Lucifero, spaventoso, orribile. O Dio, che figura orrenda! Sorpassa in orrore tutti gli altri demoni. Sembra avere una testa formata da cento teste, ciascuna piena di lance, e a capo di ciascuna vi è come un occhio che proietta frecce infuocate che infiammano tutto l'inferno. Benchè il numero dei demoni e dei dannati sia incalcolabile, tutti vedono quella testa orribile e ricevono tormenti sopra tormenti da quello stesso Lucifero. Esso li vede tutti e tutti lo vedono. Qui i miei angeli mi fecero comprendere che, come in cielo la vista di Dio rende beati tutti gli eletti, così nell'inferno l'orribile figura di Lucifero, spaventoso mostro infernale, è un tormento per tutti i dannati. La loro maggior pena è l'aver perduto Iddio. Questa pena Lucifero la sente per primo, e tutti vi partecipano. Egli bestemmia, e tutti bestemmiano; maledice e tutti maledicono; soffre ed è torturato, e tutti soffrono e sono torturati. In quel momento i miei angeli mi fecero osservare il cuscino ch'era sul seggio di Lucifero e sul quale stava seduto: era l'anima di Giuda. Sotto i piedi di Lucifero vi era un cuscino molto grande, tutto lacero e coperto di segni, mi si fece capire ch'erano anime di religiosi. Allora il trono fu aperto e, in mezzo ai demoni che stavano sotto il seggio, vidi un gran numero d'anime. Domandai chi fossero ai miei angeli ed essi mi risposero ch'erano dei prelati, dei dignitari della Chiesa, dei superiori d'anime consacrate a Dio. Io credo che se non fossi stata accompagnata dai miei angeli ed anche, come penso, invisibilmente fortificata dalla mia buona Madre, io sarei morta di spavento. Tutto ciò ch'io ne dico non è nulla e tutto ciò che udii dire dai predicatori non è nulla in paragone di quello ch'io vidi.

VISIONI DELL' INFERNO DEL VENERABILE BERNARDO FRANCESCO DE HOYOS

Il 9 gennaio 1730, il Ven. Bernardo Francesco, che faceva gli esercizi spirituali ed era giunto alla meditazione dell'inferno, ne ebbe una visione terribile. D'improvviso si vide in un vasto campo. Per ordine di Dio, il suo angelo custode lo condusse fino all'orlo dell'abisso infernale che s'aprì ai suoi piedi. "Vieni", gli disse, "e ti mostrerò questo grande spettacolo". "Io vidi", scrive il santo giovane, "un'immensa caverna piena di fuoco. Da quel fuoco usciva un fumo così denso che offuscava la luce. Io dirigevo il mio sguardo su quella immensa distesa di fuoco, ma non ne vedevo la fine. Vidi certi dannati che, spinti dalla rabbia, uscivano fuori dalle fiamme, ma tosto vi ricadevano, precipitati dai demoni e trascinati verso l'abisso come una pietra verso il suo centro". Il mio angelo si volse a me e mi disse: "Fai ben attenzione". Allora vidi quali erano i castighi particolari per gl'impudici, per gli avari, per quelli che portano odio. Pieno d'orrore per quel che vedevo, stordito dalle bestemmie che udivo vomitare contro Dio e la sua santa Madre, spaventato dalla vista dei mostri che m'apparivano, distolsi gli sguardi e non distinsi più nulla. Avendo così percorso alla cieca un grande spazio, il mio angelo mi disse: "Vieni e vedi, e scrivi ciò che vedrai". Allora il sentiero ch'io seguivo s'aprì e mi trovai in un'altra cavità sopra la prima e più orribile. Là si tenevano i sacerdoti indegni che avevano avuto l'audacia di ricevere sacrilegamente nelle loro mani e nel loro cuore il Figlio della Vergine. Quei miserabili soffrivano tali torture che tutte quelle di cui ho parlato non sono nulla al loro confronto. Erano tormentati specialmente nelle parti del loro corpo che avevano toccata l'ostia consacrata. Per il dolore si facevano scoppiare le mani ch'erano divenute come carboni ardenti, le loro lingue erano come fatte a pezzi e penzolavano fuori della loro bocca per significare i loro sacrilegi, tutl'interno del loro corpo e specialmente il loro cuore era divorato dal fuoco e in preda ad orribili dolori. Là io vidi drizzarsi, come un serpente che vuol saltare, un cattivo sacerdote ch'io conobbi e che era morto subitaneamente dopo aver dato gravi scandali. Mi fissò con rabbia e subito ricadde nel più profondo della fornace.

In foto il Venerabile

IL LAVORO DIABOLICO
DEGLI ANGELI CADUTI

Nel mondo, si lavora un po' tutti, ma sempre per qualche fine, di cui il più ordinario è la ricerca del pane quotidiano. Anche i demoni lavorano e quanto! Non abbisognano del pane quotidiano, non avendo corpo: non hanno speranza di conseguire alcun bene. Lavorano solo per il male, perché, essendo confermati nel male, non possono volere altro che il male. Nel loro terribile lavoro sono mossi dall'odio a Dio, che li ha cacciati dal Cielo, e dalla gelosia verso le creature umane, le quali, se vogliono, possono essere ammesse alla felicità eterna. Vanno in giro per il mondo, a guisa di leoni ruggenti in cerca di preda. In un esorcismo, a cui ho assistito da giovane quando studiavo per realizzare il mio libro "CONOSCI IL TUO AVVERSARIO?", sentì chiedere a Satana: - Quando tu vai in giro per il mondo, cosa fai?
- Tento!
I demoni, in qualità di puri spiriti, tentano agendo sullo spirito, cioè sull'anima umana. La sede principale dell'anima è la mente, perché ivi risiedono le sue nobili facoltà: l'intelligenza e la volontà. Ne consegue che il lavoro più importante dei demoni si svolge nella mente umana. Si chiarisce il concetto. La bestemmia si pronunzia con la bocca, il delitto si commette con le mani, le disonestà si compiono con il corpo; ma ognuno di questi atti umani ha principio nel pensiero e parte sempre dalla mente. Dunque, vengono dal demonio i pensieri di ribellione a Dio, di bestemmia, di superbia, d'impurità, di odio, ecc. È necessario stare vigilanti per non lasciarsi sorprendere dalla tattica satanica. Quando ci si accorge che la mente è assalita dal nemico infernale, si

chiuda subito la porta al demonio con un atto contrario di volontà, con una preghiera, oppure distraendosi. L'uomo per fare un bel colpo deve prima vedere, osservare bene e poi azzardarsi ad agire. Il demonio non ha bisogno di tutto ciò. Essendo spirito, può penetrare senz'altro nella mente umana e conoscerne subito il pensiero. Da intelligenza superiore per la sua natura angelica, conosce a fondo le tendenze della natura umana, i gusti di ognuno, l'ora propizia dell'assalto. **Fallito un colpo, ne prepara un altro.** Vede nel buio e nella solitudine: tende insidie a giovani ed a vecchi, ai semplici fedeli ed alle persone consacrate; penetra in modo invisibile, ma reale, negli abitati ed ovunque c'è un'anima da poter rovinare.

Diceva Lucifero: Lavoro nella mente umana ... Spingo al peccato. I demoni possono tentare, ma l'anima resista sempre libera di acconsentire o no.

PERCHE' DIO PERMETTE CHE I DEMONI CI POSSANO CONDURRE ALL' INFERNO?

Iddio avrebbe potuto rendere impotenti i demoni, relegati nell'abisso, non avrebbero potuto nuocere ad alcuno. Dai fatti noi sappiamo che il Signore ha lasciato una certa libertà a Lucifero ed ai suoi subalterni, libertà limitata, ma vera. Perché Iddio ha fatto così?... E chi può penetrare i misteri dell'Onnipotente?... Si può pensare che la Divina Provvidenza voglia servirsi dell'opera dei demoni per aumentare in Cielo la gloria dei suoi eletti. <u>Chi infatti è tentato e supera la tentazione, guadagna un merito eterno</u>. Il Signore ha dato all'uomo la volontà libera, capace di determinarsi al bene o al male. Se la volontà si volge al bene, l'uomo merita il premio; se si volge al male, merita il castigo. È la giustizia di Dio che esige questo. Il demonio ha il potere di suggerire il male, può tentare, ma giammai può costringere la volontà altrui a peccare: diversamente l'uomo non sarebbe libero. I demoni, essendo puri spiriti, cioè intelligenza e volontà, sono invisibili; però conoscendo bene gli elementi di cui sono composti i corpi, hanno il potere di agire sulle cose materiali ed anche di prendere forma sensibile, di uomo, di donna, di animale ecc.

I 4000 ANNI VISSUTI PRIMA DI CRISTO

Il peccato di Adamo e di Eva fu la loro rovina; indirettamente fu rovina anche per i loro discendenti, i quali non poterono ereditare, per naturale discendenza, ciò che i progenitori avevano perduto. Il demonio approfittò di questo stato di cose per svolgere la sua opera malvagia con più efficacia. Infatti, nei quattromila anni che precedettero la venuta del Messia, il demonio spadroneggiava nel mondo e signoreggiava con l'idolatria e con la disonestà più sfacciata. Venuto Gesù Cristo, il regno dell'inferno fu abbattuto. Rimase ancora ai demoni una certa libertà, ma molto inferiore alla primitiva; pertanto le anime a milioni si staccano dall'idolatria e si portano all'adorazione del vero Dio, lasciano la disonestà e praticano la purezza, abbandonano l'odio per darsi all'amore anche dei nemici. L'inferno, oltre ad essere un luogo, è anche uno stato. I demoni stanno parte nell'inferno e parte vanno in giro, vagando per il mondo. Ma ancorché essi vadano di qua e di là, tuttavia soffrono sempre le pene infernali, poiché la maledizione di Dio poggia sempre sopra di loro. La Santa Chiesa, nell'antica Liturgia, alla fine della Messa aveva una preghiera particolare, rivolta a San Michele Arcangelo « ... E tu, o Principe della Milizia Celeste, con forza divina ricaccia nell'inferno Satana e gli altri demoni, i quali vagano per il mondo alla perdizione delle anime ». Cosa possono fare i demoni andando in giro? La loro missione è rovinare l'uomo e quello che gli appartiene; perciò oltre che tentare l'anima al peccato, possono tormentare anche il corpo umano, prendendone possesso diretto. Possono tormentare gli animali, impossessarsi di un luogo, perturbare la quiete dell'aria, ecc....

I LIBRI ... RIFLESSIONE DA FARE

Iddio dà delle attitudini speciali. Uomini e donne, dotati d'intelligenza particolare, riescono a comporre libri. Si dovrebbe trafficare in bene il talento ricevuto da Dio.

Sapendo il demonio il male che il libro cattivo produce, suggerisce nella mente a qualche scrittore: Vuoi guadagnare denaro? Desideri che i tuoi scritti siano letti? Componi un romanzo pornografico! Tratta argomenti impuri! Rappresenta al vivo la disonestà! Vedrai come circolerà il tuo libro! Ti aiuterò io nella diffusione! L'infelice scrittore mette su un romanzo. Vi riversa l'impurità che ha nel cuore. Il nuovo libro è letto con avidità; le passioni sono accarezzate: giovanotti, signorine ed anche adulti ... Dopo aver letto le pagine di fango, raccontano ad altri le impressioni ricevute. Altri ancora s'invogliano a leggere il romanzaccio. Quanta strage! Il demonio impuro raccoglie messe abbandonate.

Povere anime, redente dal Sangue di Gesù Cristo, non vi accorgete che Satana vi trascina alla perdizione? Se qualcuno, sentendo il rimorso della cattiva lettura, pensa di distruggere il cattivo romanzo, subito il demonio suggerisce: Vorresti bruciare quel libro? Ma perché? Hai speso tanto denaro per procurartelo! Invece di bruciarlo, conservalo e non lo leggerai! - Conservarlo? L'anima non si accorge dell'inganno. **Il demonio non dorme**: sa che quel romanzo lo aiuta a rovinare i cuori e perciò sta in agguato. Il libro conservato oggi, domani sarà letto da qualche altro della famiglia; in momento opportuno lo farà riprendere a chi l'aveva conservato. Ecco il lavoro che compie Satana! Un libro cattivo è un demonio impuro in attività. Giustamente diceva un santo: "Ogni libro immorale che si distrugge, è un demonio che si ricaccia nell'inferno!"

I DIVERTIMENTI MONDANI

Il mondo è un ammasso d'iniquità :i demoni impuri ad eserciti vagano per rapire il giglio della purezza agl'innocenti e per fare moltiplicare le disonestà ai depravati. Si può dire che nel mondo tutto concorre ad aiutare l'opera diabolica. Quello che il diavolo fa con lo scrittore del romanzo pornografico, lo fa pure con i giornalisti immorali, con i produttori di pellicole invereconde, con gli artisti teatrali, con i proprietari delle case di peccato, con i sostenitori di sale da ballo, ecc.... Il demonio suggerisce: Mettete su questi divertimenti! Il pubblico accorrerà numeroso! Guadagnerete molto denaro! <u>Date a tutti il pascolo del piacere passionale!</u> Chi può misurare le disonestà che commettono gli spettatori di un film scandaloso o di un varietà? Chi può contare le anime che perdono la purezza in certe sale da ballo? Chi è capace di numerare le vittime delle impurità nella stagione dei bagni? Tanto male si compie perché i demoni impuri accorrono numerosi in questi luoghi. Oh! se si potessero vedere con gli occhi del corpo i diavoli che assediano i luoghi dei divertimenti profani, forse tutti gli spettatori scapperebbero! Giustamente dice Gesù: **"Guai al mondo per i suoi scandali!"**

TUTTI DOBBIAMO ESSERE TENTATI E VINCERE PER NON ANDARE ALL' INFERNO ...

Il demonio gode quando può disturbare i buoni; uno dei principali assalti è il turbamento, cioè l'inquietudine della coscienza. Il turbamento spirituale è come una nebbia attorno all'anima. Si stia attenti a non turbarsi mai. Il demonio suole disturbare le anime buone con i dubbi contro la fede per fare comprendere che è inutile il sacrificio e la preghiera, poiché forse Dio non esiste e non ci sarà un'altra vita; fa pensare che l'Ostia Consacrata non è Gesù ... Non è rara questa tentazione, anche nelle anime elette. **Santa Teresa del Bambino Gesù** era assalita dal demonio su questo argomento: fu costretta a scrivere il « Credo », firmarlo col proprio sangue, portarlo sul petto e rinnovare così gli atti di fede ad ogni palpito del suo cuore. Gli assalti diabolici contro la fede si superano disprezzandoli e dicendo di tanto in tanto: **Gesù, ti amo e credo quanto tu hai rivelato.** Il demonio assale tutti; tentò anche Gesù Cristo. Non era possibile che Gesù peccasse, sarebbe stato un assurdo: peccare significa offendere Dio, e Gesù, Dio-uomo, non avrebbe potuto offendere se stesso! Tuttavia Gesù Cristo permise che Satana lo tentasse per farci comprendere che il demonio non risparmia nessuno e per insegnarci il modo con cui vincere le tentazioni. Ecco il testo del Vangelo:
- Gesù, ripieno di Spirito Santo, si partì dal Giordano e fu condotto dallo Spirito nel deserto, dove, per quaranta giorni fu tentato dal diavolo. In quei giorni non mangiò niente; ma al loro termine ebbe fame. Allora il diavolo gli disse: "Se tu sei il Figlio di Dio, di' a queste pietre che diventino pane."

E Gesù gli rispose: "Sta scritto: L'uomo non vive soltanto di pane, ma di ogni parola di Dio". - Il diavolo allora lo portò sopra un alto monte e, mostrandogli in un attimo tutti i regni della terra, gli disse: "Io ti darò tutta questa potenza e la gloria di questi regni, perché a me sono stati dati, e li dono a chi voglio. Se tu dunque ti prostri ad adorarmi, sarà tutto tuo". E Gesù rispose: "Sta scritto: Adorerai il Signore Dio tuo e servirai a lui solo". - Il diavolo lo portò a Gerusalemme e, posatolo sul pinnacolo del Tempio, gli disse: "Se tu sei il Figlio di Dio, gettati giù, perché sta scritto: Egli ha ordinato ai suoi Angeli di proteggerti ed essi ti sosterranno colle loro mani, affinché non urti il piede in qualche sasso". Ma Gesù rispose: "Sta scritto: Non tenterai il Signore Dio tuo". E il diavolo, finito che ebbe di tentarlo, si allontanò da lui; dopo vennero gli Angeli a servirlo. **Anche le due colonne della Chiesa Cattolica, S. Pietro e S. Paolo**, non furono risparmiati da Satana, anzi ne furono un grande bersaglio. Gesù infatti disse: "Satana ha domandato di crivellarti come il frumento, ma io ho pregato per te, o Pietro, affinché non venga meno la tua fede. E quando tu ti rimetterai, conferma i tuoi fratelli". Sappiamo che S. Pietro fu tentato per mezzo di una serva e per tre volte rinnegò Gesù Cristo. Dopo se ne pentì e pianse amaramente. S. Paolo predicava, convertiva i pagani, affrontava con gioia ogni tormento, ancora vivo fu trasportato a contemplare il Paradiso sino al terzo Cielo e poté vedere la felicità che Iddio riserva a coloro che lo amano. Con tutto ciò, non fu lasciato libero dal maligno. Il demonio lo assaliva potentemente, tanto che egli ebbe a dire: Il servo di Satana mi schiaffeggia. Per la qual cosa continuamente ho pregato il Signore affinché si allontanasse. Ma il Signore mi disse: "Paolo, ti basta la mia grazia, poiché la potenza divina si attua nella debolezza

Umana". Giuda Iscariota, Apostolo di Gesù, fu tentato dal demonio in modo tremendo. Avendo Satana conosciuto che egli era inclinato all'attacco al denaro, poco per volta lo convinse a tradire lo stesso Gesù Cristo. Dice il Santo Vangelo che dopo l'ultima Cena fatta dal Signore con gli Apostoli, Satana entrò nel cuore di Giuda. Questi rimase accecato dagli inganni diabolici e si presentò ai nemici di Gesù per accordarsi sul modo di consegnarlo a loro. Per trenta denari lo tradì. Dopo se ne pentì, ma non pensò a rimettersi come San Pietro, bensì si disperò ed andò ad impiccarsi. Come si vede, Satana è potente e non teme di assalire anche le persone più sante. **Giovane ventenne, Sant'Antonio, vendette quanto possedeva, lo diede ai poveri ed andò nel deserto a far penitenza.** Prevedendo il demonio che egli si sarebbe santificato, cominciò a tentarlo, dapprima in modo invisibile e poi visibilmente. Un giorno il demonio prese la forma di un negro bruttissimo e si gettò piangendo ai piedi dell'eremita. - Chi sei tu? - chiese il Santo. - Chi sono? Il demonio dell'impurità. Ho ingannato e sedotto molti Cristiani; da te però mi vedo vinto. - Si vede che sei molto debole! Di te non ho paura, poiché il Signore mi difende sempre. - A queste parole il negro sparì. Un'altra volta il demonio si presentò con delle verghe e batté a lungo Sant'Antonio. Il Santo disse: "Io non ti temo, o Satana, ti sfido!" - Irritato il demonio, assalì la grotta dell'eremita. In un istante la grotta si riempì di animali di diverse specie: leoni, orsi, serpenti, scorpioni. Il Santo se ne stava con il cuore elevato a Dio e diceva ai demoni: "Dovete essere molto deboli e vili, poiché venite in tanti contro di me solo!"- Detto ciò, vide risplendere nella grotta una luce celeste e quella squadra di mostri infernali scomparve. In una visione Iddio fece vedere a Sant'Antonio tutto il mondo coperto di lacci e di trappole tese dal demonio. Impressionato, il Santo chiese a Dio: **Come si possono evitare tanti inganni di Satana?** - Iddio rispose: Antonio, **con la sola virtù dell'umiltà**. Molti altri uomini si unirono a Sant'Antonio per fare vita eremitica. Il Santo parlava spesso a costoro delle insidie del nemico delle anime e diceva: "Le armi per vincere il demonio sono: la vita pura, la preghiera, il digiuno, il segno della Croce e il disprezzo delle tentazioni."

In foto Sant' Antonio Abate.

SANTA GEMMA E IL DEMONIO

Tra le Sante, che hanno illuminato la Chiesa di Gesù Cristo, è da mettere Santa Gemma Galgani, vergine lucchese. Gesù la ricolmò di specialissimi favori, apparendole di continuo, istruendola nell'esercizio delle virtù e confortandola con la compagnia visibile dell'Angelo Custode. Il demonio si rodeva di furore contro la Santa, avrebbe voluto impedire l'opera di Dio; non riuscendo, tentava di disturbarla e d'ingannarla. Gesù preavvisò la sua Serva: "Sta' in guardia, o Gemma, perché il demonio ti farà grande guerra". Il demonio infatti le si presentava in forma umana. Tante volte egli la batté fortemente con un grosso bastone o con dei flagelli. Santa Gemma non di raro cadeva a terra per il dolore e, narrando il fatto al suo Direttore Spirituale, diceva: Come batte forte quel brutto chiappino! Il peggio è che mi picchia sempre in un posto e mi ha prodotto una larga ferita! - Un giorno che il demonio l'aveva conciata bene a furia di botte, la Santa pianse assai. Narra essa nelle sue Lettere: « Dopo che il demonio partì, andai in camera; mi sembrava di morire; giacevo a terra. Gesù subito venne ad alzarmi; dopo mi prese in braccio. Che momenti! Soffrivo ... ma godevo! Come ero felice! ... Non so spiegarlo! Quante carezze mi fece Gesù! ... Anche mi baciò! Oh, il caro Gesù, quanto si è umiliato! Pare impossibile. Il demonio, per distoglierla dalla virtù, finse di essere il suo Confessore ed andò a mettersi nel confessionale. La Santa apriva la sua coscienza; ma si accorse dai consigli che quel tale era il demonio. Invocò fortemente Gesù e il maligno sparì. Più di una volta il demonio prese le sembianze di Gesù Cristo, ora flagellato ed ora messo in Croce. La Santa s'inginocchiava a pregarlo; però da certe smorfie che vedeva fare e da certe parolacce, capiva non essere quegli Gesù. Allora si rivolgeva a Dio, aspergeva un po' di Acqua Benedetta e subito spariva il nemico nell'anima sua. Un giorno si lamentò col Signore: Vedi, Gesù, come mi inganna il demonio? Come potrei conoscere se sei tu o è lui? - Gesù rispose: Allorché vedi le mie sembianze, dici subito: Benedetto Gesù e Maria! - ed Io ti risponderò allo stesso modo. Se sarà il demonio, non pronunzierà il mio nome. - Difatti la Santa, all'apparire delle sembianze del Crocifisso, esclamava: Benedetto Gesù e Maria! - Quando era il demonio a presentarsi in tale forma, la risposta era: Benedetto ... - Scoperto, il diavolo spariva. La Santa fu presa d'assalto dal demonio della superbia. Vide una volta attorno al suo letto una schiera di bimbi e di bimbe, in forma di angioletti, con una candela accesa in mano; tutti s'inginocchiarono per adorarla. Satana avrebbe voluto farla montare in superbia; la Santa si accorse della tentazione e chiamò in aiuto l'Angelo del Signore, il quale, emesso un leggero soffio, fece sparire tutto. Un fatto, degno di essere conosciuto, è il seguente. Il Direttore Spirituale, Padre Germano, Passionista, aveva ordinato alla Santa di scrivere in un quaderno tutta la sua vita, sotto forma di Confessione generale. Ubbidiente Santa Gemma, sebbene con sacrificio, scrisse quanto d'importante ricordava della vita trascorsa. Poiché il Padre Germano era a Roma, la Santa conservò, stando a Lucca, il manoscritto dentro un cassetto e lo chiuse a chiave; a tempo opportuno l'avrebbe dato al Direttore Spirituale. Prevedendo il demonio quanto bene avrebbe fatto quello scritto alle anime, lo prese e lo portò via. Quando la Santa andò a prendere il quaderno scritto, non avendolo trovato, chiese alla zia Cecilia se l'avesse preso essa; essendo negativa la risposta, la Santa capì trattarsi di uno scherzo diabolico. Infatti una notte, mentre pregava, le apparve il demonio furibondo, pronto a batterla; ma Dio quella volta non lo permise. Il brutto le disse: Guerra, guerra al tuo Direttore Spirituale! Il tuo scritto è nelle mie mani! - e se ne andò. La Santa mandò una lettera al Padre Germano, che non si meravigliò dell' accaduto. Il buon Sacerdote, stando a Roma, si recò in Chiesa per cominciare gli esorcismi contro il demonio, in cotta e stola e con l'aspersorio dell'Acqua Benedetta. L'Angelo Custode gli si presentò sensibilmente. Il Padre gli disse: Conducimi qua quella brutta bestia, che portò via il quaderno di Gemma! Subito comparve davanti a P. Germano il demonio. Per mezzo degli esorcismi lo conciò per bene e poi gli ordinò: Rimetti il quaderno là dove l'hai preso! Il demonio dovette ubbidire e si presentò alla Santa con il quaderno in mano. Dammi il quaderno! - disse Gemma. - Non te lo vorrei dare! ... Ma sono costretto! - Allora il diavolo cominciò a contorcere il quaderno, bruciando con le mani i margini a molti fogli; si diede poi a sfogliarlo, lasciando le impronte digitali su tante pagine. Alla fine consegnò il manoscritto. Questo quaderno oggi trovasi presso i Padri Passionisti a Roma, nella Casa della Postulazione, attigua alla Chiesa dei Santi Giovanni e Paolo. Ai visitatori si lascia vedere. Lo scrivente ha potuto averlo tra le mani e leggerlo in parte. Il contenuto di questo quaderno è già pubblicato sotto il titolo di «Autobiografia di S. Gemma». Vi si trovano delle pagine fotografate, riportanti le impronte digitali del demonio.

In foto sopra si vede Santa Gemma Galgani

SAN MARTINO

Era sul letto di morte San Martino. Egli aveva trascorsa la vita nell'esercizio della mortificazione e in opere di bene; non aveva da paventare il giudizio di Dio. Infatti era tranquillo. I discepoli che lo assistevano, pregavano per lui. Il demonio volle tentarlo prima di morire e gli si presentò in forma sensibile. San Martino lo guardò con occhio di disprezzo e poi gli disse: Perché sei venuto, o infernale nemico? ... Che cosa aspetti? ... In me non trovi niente di funesto che abbia fatto! - E mentre diceva questo, l' anima sua lasciava la terra e dagli Angeli veniva portata a Dio.

Beata Anna Schaffer
ANNA, BERSAGLIO DI SATANA ...

Tra i dolori che afflissero la vita di Anna, non vanno dimenticati i durissimi e prolungati attacchi del demonio.

Come disse il Santo Curato d'Ars: "gli amici di Dio sono sempre in duro combattimento col demonio e specialmente coloro che, con amore e fedeltà, si interpongono per la salvezza delle anime".

Quando Satana, col permesso di Dio, tormenta duramente un'anima, viene vinto proprio dal sacrificio di questa creatura: è proprio l'offerta di questo sacrificio che impedisce al diavolo di far del male ad altre anime. Queste sofferenze riparatrici sono però molto pesanti per chi ne è colpito, perché la rabbia del demonio si scatena in maniera tremenda su chi gli toglie un'anima. Grande è il mistero della malvagità di Satana e del suo odio. I tormenti che Anna dovette patire da parte del demonio furono prove permesse da Dio. Il suo direttore spirituale, a conoscenza di tutto, così testimonia: "Anche se immersa nelle tenebre, tormentata, percossa da Satana, la povera Anna non si rifiutò mai di accettare la volontà di Dio. Diceva sempre il suo 'sì' e manifestava in questo modo il suo totale abbandono e la sua insondabile fiducia nell'aiuto della grazia di Dio. Quando la sua anima era immersa in un'angoscia mortale, si rivolgeva con una fiducia illimitata al Sacro Cuore di Gesù dicendogli: 'Sacratissimo Cuore di Gesù, io confido in Te!'. Questa giaculatoria le era tanto cara e le dava grande forza".

LA GIOVANE BEATA DICE:

- Molte volte e a lungo ricevetti dei duri colpi dal maligno.

La notte fra il 13 e il 14 ottobre 1918 fu molto dolorosa e sopportai molte sofferenze. Erano le due e mezza di notte quando udii una carrozza che proveniva al galoppo da Hiendorf, passando quindi davanti alla chiesa.

Compresi subito che questa carrozza era venuta a prendere il sacerdote perché portasse il santo Viatico ad una giovane di quel paese che era molto ammalata. Dopo pochi minuti la carrozza ripartì velocemente verso Hiendorf. Accompagnai spiritualmente il Salvatore lungo quel viaggio, pregandolo con fervore perché concedesse a quella povera ragazza di riceverlo nell'Eucaristia così da compiere, unita a Lui, il grande viaggio verso l'eternità. Pregai per quella ragazza fino alle quattro e mezzo, poi caddi in un sonno molto leggero, ma solo per pochi minuti. Quel breve tempo fu però sufficiente perché potessi avere un sogno bruttissimo. Mi sembrava che il maligno fosse lì vicino a me e mi percuotesse così duramente e così a lungo da togliermi quasi il respiro. Il diavolo mi disse che mi picchiava perché avevo pregato tanto per quella ragazza di Hiendorf". "Questa faccenda - disse - non ti deve interessare!". "Sempre nel sogno, cominciai a gridare con tutte le mie povere forze. Nel frattempo udii delle persone sotto la finestra della mia camera e riconobbi la voce del Parroco che diceva: "Anna, Lei deve andare subito a Hiendorf; la figlia del sindaco è morta!", ma io non potevo muovermi perché continuavo a ricevere colpi. Sentii mia madre che diceva: "Svegliati e non gridare così forte; ti sentono fino in strada e già qualcuno dei vicini è venuto a bussare!". Io volevo risponderle: "Sì, mamma, ma è morta la figlia del sindaco di Hiendorf!". Avrei voluto rispondere, ma non riuscii a pronunciare neppure una sillaba. Intanto continuavo a invocare con tutto il cuore il santissimo Nome di Gesù e dopo alcuni istanti mi svegliai del tutto. Erano quasi le cinque del mattino. Dopo questo brutto sogno mi sentii così debole da non riuscire a parlare. Rimasi così gravemente indebolita e disfatta per tutto il giorno, che era come se tutte le mie membra fossero state spezzate in due. Ho avuto molte altre volte sogni così tremendi e quasi sempre ne uscivo talmente distrutta da non riuscir neanche a parlare.-

TU NON DEVI SCRIVERE A NESSUNO!

La notte dal 5 al 6 novembre 1919 sognai che il maligno mi percuoteva di nuovo e diceva: "Tu non devi scrivere a nessuno, non devi interessarti degli altri" e continuava a percuotermi e a minacciarmi.

Satana cerca di impedire che venga fatto in qualsiasi modo del bene, anche quel po' di bene che può produrre una lettera e la povera Anna lo dovette sperimentare a sue spese, sopportando le tremende percosse con le quali il demonio colpiva il suo corpo, soprattutto le sue piaghe ed i suoi piedi scorticati. Ciò nonostante Anna non smise mai di scrivere lettere, portando conforto a chi era nell'avvilimento, e speranza a chi era nella disperazione.

PER CHI SOFFRI?

Una volta sognai che qualcuno batteva alla mia porta. Dissi: "Avanti!". Entrò una persona spaventosamente brutta che mi domandò subito: "Per chi soffri?". Risposi: "Per Gesù, solo per Gesù!". Appena dissi "Per Gesù", quell'individuo prese la mia mano destra e mi percosse con essa quanto poté, sbattendola anche contro la sponda del letto. Poi mi colpì duramente sulla testa e lasciò la stanza con orrende bestemmie. Ogni volta che scrivo una lettera a una persona per aiutarla con qualche buona parola, oppure quando mando un libro a qualcuno, subito in sogno ricevo una quantità di percosse dal maligno. Il 20 gennaio 1920 sognai di nuovo che il maligno mi volesse percuotere violentemente, ma non riusciva a prendermi. In cuor mio, chiamavo il santissimo Nome di Gesù e per questo il nemico era arrabbiatissimo con me. Per più di un'ora non mi lasciò in pace. Sempre in sogno, quando il diavolo si avvicinava, io cominciavo a gridare con tutte le forze. Udivo mia madre che cercava di svegliarmi, ma il maligno, nonostante io invocassi il santissimo Nome di Gesù, non se ne andava. Comunque, non poteva né venirmi molto vicino, né percuotermi. "Sacratissimo Cuore di Gesù sii il mio rifugio, sia quando sono sveglia, sia quando dormo!" Il 20 e il 24 dicembre 1920 sognai nuovamente il maligno. Nel sogno del primo marzo 1921 il diavolo mi percuoteva molto forte e diceva: "Adesso potrai gridare davvero!", ma pur dicendo questo mi tappava la bocca. Il 21 dicembre 1921 sognai di essere a letto, con la mano destra abbandonata lungo la sponda, quand'ecco venire il demonio che cominciò a graffiare e a scuoiare la mia mano. Ogni volta che cercavo di sollevarla, egli la tirava giù di nuovo. Mi svegliai e vidi che effettivamente avevo la mano a penzoloni lungo la sponda del letto.

DURI COLPI DAL DEMONIO

Alla fine di maggio del 1921 sognai il diavolo. Verso la metà della notte, dopo una giornata veramente dolorosa, caddi in un breve torpore e vidi in sogno il maligno vicino al mio letto che percuoteva quanto più poteva le mie ferite.

LA TESTIMONIANZA DI UNA PERSONA AMICA

Una persona che ha regolarmente assistito la povera Anna, così racconta nei suoi scritti: "Il bene che Anna fece, con la parola e con l'esempio, non poteva piacere a Satana.

Anna mi ha detto spesso (e sua madre lo ha confermato) che il demonio andava da lei di notte e la percuoteva, talvolta anche in sogno. La maggior parte delle volte Anna non poteva gridare forte, ma solo sospirare. Sua madre spesso si svegliava e capiva subito che il maligno era di nuovo là e da là non si allontanava fino a che Anna non veniva cosparsa di acqua santa. Talvolta teneva tappata la bocca di Anna e le diceva: 'Prova a gridare se sei capace'. Altre volte la picchiava sui suoi poveri piedi piagati. Anna mi raccontò spesso che, a causa delle percosse del maligno, quasi sempre riportava delle graffiature e delle tumefazioni in tutto il corpo. Spesso, appena il diavolo arrivava alla sua vista, Anna cadeva in svenimento per la paura. Se Anna pregava per la conversione di qualche anima, l'ira del demonio non aveva limiti; infuriato le gridava: "Non posso prendere te, questo lo so, ma tu non devi interessarti delle altre anime; non ti permetto di strapparle dalle mie mani. Tu non devi pregare per nessuno".

L'ULTIMO FEROCE ATTACCO DI SATANA

Questo fatto è riportato dalla sorella di Anna, Kathi: "Il 9 agosto 1925, alcuni mesi prima della morte di Anna, il Parroco le volle portare la Santa Comunione alle quattro del mattino, perché poi alle cinque doveva partire. La nostra mamma si alzò quindi alle tre e mezza e subito andò nella stanza di Anna; la vide immobile nel letto: sembrava dormire. Stava ritornando sui suoi passi per andare a vestirsi, quando sentì un colpo pauroso. Si voltò di scatto spaventata: Anna giaceva nell'angolo della stanza con il viso sul pavimento, raggomitolata come un verme. I denti superiori erano rotti, la lingua gonfia e bucata da parte a parte.

Sanguinava dalla bocca e dal naso, sopra l'occhio sinistro c'era una profonda ferita, simile a quella che si vede sul volto di Cristo nella Sindone. Anna non sarebbe mai stata capace di rialzarsi, né avrebbe potuto muoversi per i suoi piedi piagati. Era stata sbalzata lontana dal letto, oltre il comodino; un ultimo attacco furioso dell'inferno a questa creatura piena di dolori che aveva strappato tante anime al demonio. La caduta le procurò anche conseguenze mentali: da quel momento, infatti, spesso le sue parole divennero confuse. In certi periodi, comunque, ritornava alla piena conoscenza". *In foto sotto la Beata Anna*

Suor Lucia di Fatima
descrive la visione dell'Inferno ...

A Fatima la Beata Vergine Maria disse ai tre piccoli veggenti che molte anime vanno all'inferno perché non hanno nessuno che preghi o faccia sacrifici per loro. Nelle sue *Memorie* Suor Lucia descrive la visione dell'inferno che Nostra Signora ha mostrato ai tre fanciulli:

"Essa ancora una volta aprì le Sue mani, come aveva fatto i due mesi precedenti. I raggi [di luce] apparvero per penetrare la terra e noi vedemmo come un vasto mare di fuoco e vedemmo i dèmoni e le anime [dei dannati] immersi in esso. Vi erano poi come tizzoni ardenti trasparenti, tutti anneriti e bruciati, con forma umana. Essi fluttuavano in questo grande conflagrazione, ora lanciati in aria dalle fiamme e poi risucchiati di nuovo, insieme a grandi nuvole di fumo. Talvolta ricadevano su ogni lato come scintille su fuochi enormi, senza peso o equilibrio, fra grida e lamenti di dolore e disperazione, che ci terrorizzavano e ci facevano tremare di paura (deve essere stata questa visione a farmi piangere, come dice la gente che mi udì). I demoni si distinguevano [dalle anime dei dannati] per il loro aspetto terrificante e repellente simile a quello di animali orrendi e sconosciuti, neri e trasparenti come tizzoni ardenti. Questa visione è durata solamente un attimo, grazie alla nostra buona Madre Celeste, che nella sua prima apparizione aveva promesso di portarci in Paradiso. Senza questa promessa, credo che saremmo morti di terrore e spavento".

NON PENSIAMO SOLO
ALLA NOSTRA SALVEZZA

Forse questo scritto verrà letto da alcuni che vivono in peccato; qualcuno forse si convertirà; qualcun altro, invece, con un sorrisino di compatimento, esclamerà: "Sciocchezze, sono storielle che vanno bene per le vecchiette!".
A chi invece leggerà con interesse e con una certa trepidazione queste pagine dico … Voi vivete in una famiglia cristiana, ma forse non tutti i vostri cari sono in amicizia con Dio. Forse il marito, o un figlio, o il papà, o una sorella, o un fratello non ricevono da anni i santi Sacramenti, perché schiavi dell'indifferenza, dell'odio, della lussuria, della bestemmia, dell'avidità, o di altre colpe... Come si troveranno questi vostri cari nell'altra vita se non si ravvedono? Voi li amate perché sono vostro prossimo e vostro sangue. Non dite mai: "A me cosa interessa? Ognuno pensa alla sua anima!" La carità spirituale, cioè il prendersi cura del bene dell'anima e della salvezza dei fratelli, è la cosa più gradita a Dio. Fate qualcosa per la salvezza eterna di quelli che amate. Diversamente, starete con loro nei pochi anni di questa vita terrena e poi sarete separati da loro in eterno. Voi tra i salvati... e il papà, o la mamma, o un figlio o un fratello tra i dannati...! Voi a godere la gioia eterna... e qualcuno dei vostri cari nel tormento eterno...! Potete rassegnarvi davanti a questa possibile prospettiva? Pregate, pregate molto per questi bisognosi! Diceva Gesù a Suor Maria della Trinità: "Infelice il peccatore che non ha nessuno che preghi per lui!". Gesù stesso ha suggerito alla suor Menendez la preghiera da fare per convertire i traviati: rivolgersi alle sue

divine piaghe. Gesù ha detto: "Le mie piaghe sono aperte per la salvezza delle anime... Quando si prega per un peccatore, diminuisce in lui la forza di Satana ed aumenta la forza che viene dalla mia grazia. Per lo più la preghiera per un peccatore ne ottiene la conversione, se non subito, almeno in punto di morte". Si raccomanda dunque di recitare, ogni giorno, cinque volte il "Padre nostro' cinque volte l'"Ave Maria" e cinque volte il "Gloria" alle cinque Piaghe di Gesù. E poiché la preghiera unita al sacrificio è più potente, a chi desidera qualche conversione si consiglia di offrire ogni giorno a Dio cinque piccoli sacrifici a onore delle stesse cinque Divine Piaghe. Utilissima è la celebrazione di qualche Santa Messa per richiamare al bene i traviati. Quanti, pur essendo vissuti male, hanno avuto da Dio la grazia di morire bene per le preghiere e i sacrifici o della sposa, o della madre, o di un figlio...! Beato chi quanto sta apprendendo in questo libro lo divulgherà. Vi dico di più. Volete fare un bel regalo ad un vostro caro? Regalategli direttamente questo libro che avete tra le mani, strappandogli però, la promessa che lo debba leggere e ben meditare.

L' AIUTO DELLA MADONNA

La vera devozione alla Madonna è un pegno di perseveranza, perché la Regina del Cielo e della terra fa di tutto affinché i suoi devoti non vadano eternamente perduti.

<u>La recita quotidiana del Rosario, sia cara a tutti!</u>

Un grande pittore, raffigurando il Giudice divino nell'atto di emettere la sentenza eterna, ha dipinto un'anima ormai vicina alla dannazione, poco distante dalle fiamme, ma quest'anima, aggrappandosi alla corona del Rosario, viene salvata dalla Madonna. **Quanto è potente la recita del Rosario!**

Nel 1917 la Vergine Santissima apparve a Fatima come riportato prima a tre fanciulli; quando aprì le mani ne sgorgò un fascio di luce che sembrava penetrasse la terra. I fanciulli videro allora, ai piedi della Madonna, come un grande mare di fuoco che come detto era il vivo inferno! A tale scena i veggenti alzarono gli occhi alla Madonna per chiedere soccorso e **la Vergine soggiunse: "Questo è l'inferno dove vanno a finire le anime dei poveri peccatori. Recitate il Rosario e aggiungete ad ogni posta: `Gesù mio, perdona le nostre colpe, preservaci dal fuoco dell'inferno e porta in cielo tutte le anime, specialmente le più bisognose della tua misericordia:".** Quanto è eloquente l'accorato invito della Madonna! Spero col cuore che questo mio libro possa aver fatto breccia nel vostro cuore. Amen

Simone Iuliano

www.irpiniacattolica.altervista.org

iuliano.simone@libero.it

Simone Iuliano

Manuale di Demonologia

Conosci il tuo avversario?

Con prefazione di Don Gabriele Amorth

Edizioni Youcanprint - Prezzo 10 euro - Simone Iuliano

Finito di stampare nel mese di Settembre 2013
per conto di Youcanprint *Self- Publishing*